NCERT प्रैक्टिस

वर्कबुक

हिंदी रिमझिम

रोशनी देसाई

✳ arihant

अरिहन्त प्रकाशन (स्कूल डिवीज़न सीरीज़)

✹arihant

अरिहन्त प्रकाशन (स्कूल डिवीज़न सीरीज़)

सर्वाधिकार सुरक्षित

🌼 © **प्रकाशक**

इस पुस्तक के किसी भी अंश का पुनरुत्पादन या किसी प्रणाली के सहारे पुनर्प्राप्ति का प्रयास अथवा किसी भी तकनीकी तरीके—इलेक्ट्रॉनिक, मैकेनिकल, फोटोकॉपी, रिकॉर्डिंग या वेब माध्यम से प्रकाशक की अनुमति के बिना वितरण नहीं किया जा सकता है। 'अरिहन्त' ने अपने प्रयास से इस पुस्तक के तथ्यों तथा विवरणों को उचित स्रोतों से प्राप्त किया है। पुस्तक में प्रकाशित किसी भी सूचना की सत्यता के प्रति तथा इससे होने वाली किसी भी क्षति के लिए प्रकाशक, सम्पादक, लेखक अथवा मुद्रक जिम्मेदार नहीं हैं।

सभी प्रतिवाद का न्यायिक क्षेत्र 'मेरठ' होगा।

🌼 **रजि. कार्यालय**

'रामछाया' 4577/15, अग्रवाल रोड, दरिया गंज, नई दिल्ली- 110002
फोन: 011-47630600, 43518550

🌼 **मुख्य कार्यालय**

कालिन्दी, टी०पी० नगर, मेरठ (यूपी)– 250002
फोन: 0121-7156203, 7156204

🌼 **शाखा कार्यालय**

आगरा, अहमदाबाद, बरेली, बंगलुरु, चेन्नई, दिल्ली, गुवाहाटी, हैदराबाद, जयपुर, झाँसी, कोलकाता, लखनऊ, नागपुर तथा पुणे

PO No : TXT-XX-XXXXXXX-X-XX

PUBLISHED BY ARIHANT PUBLICATIONS (INDIA) LTD.

'अरिहन्त' की पुस्तकों के बारे में अधिक जानकारी के लिए हमारी वेबसाइट **www.arihantbooks.com** पर लॉग इन करें या **info@arihantbooks.com** पर सम्पर्क करें।

Follow us on...   

प्रोडक्शन टीम

पब्लिशिंग मैनेजर
केशव मोहन, अमित वर्मा

प्रोजेक्ट कॉर्डिनेटर
मनीष कुमार

प्रोजेक्ट एडिटर
अविनाश झा

कवर डिजाइनर
शानू मंसूरी

इनर डिजाइनर
रवि नेगी

प्रूफ रीडर
प्रीति

वर्कबुक की आवश्यकता क्यों?

किसी भी विषय को सीखने के लिए व उसमें दक्षता प्राप्त करने के लिए 'अभ्यास' सबसे महत्त्वपूर्ण आवश्यकता है। अभ्यास के माध्यम से ही विद्यार्थियों में ज्ञान का विकास होता है तथा उनकी स्मरण शक्ति में वृद्धि होती है। विद्यार्थियों को आवश्यक अभ्यास करवाने के लिए ही इस वर्कबुक को तैयार किया गया है। इस वर्कबुक के बारे में विस्तृत जानकारी नीचे दी गयी है तथा यह समझाया गया है कि यह वर्कबुक विद्यार्थियों के लिए किस प्रकार से उपयोगी है।

पूर्णत: NCERT पाठ्य-पुस्तक पर आधारित

यह वर्कबुक पूर्णत: NCERT पाठ्य-पुस्तक पर आधारित है, NCERT ही एकमात्र ऐसी पाठ्य-पुस्तक है जो भारत सरकार व CBSE द्वारा स्कूलों के लिए Recommend की गयी है। इस वर्कबुक में NCERT के पाठों की विषयवस्तु पर आधारित विभिन्न प्रकार के प्रश्न दिए गए हैं। इन प्रश्नों का अभ्यास करके विद्यार्थी NCERT पाठ्य-पुस्तक के अध्यायों का संपूर्ण रूप से अभ्यास कर सकते हैं तथा उन पर अपनी पकड़ मजबूत कर सकते हैं।

एकमात्र संपूर्ण वर्कबुक

अरिहन्त वर्कबुक, एकमात्र ऐसी वर्कबुक है, जिसमें पाठ्यक्रम के सभी खण्डों क्रमश: पाठ्य-पुस्तक, व्याकरण, लेखन व अपठित बोध का समावेश किया गया है। इस प्रकार यह वर्कबुक विद्यार्थियों को परीक्षाओं की संपूर्ण तैयारी कराने में समर्थ है।

वर्कबुक – उद्देश्य, उपयोग एवं विशेषताएँ

इस वर्कबुक के प्रत्येक अध्याय में विभिन्न प्रकार के प्रश्नों का समावेश किया गया है, जो NCERT पुस्तकों के अध्यायों को संपूर्ण रूप से कवर करते हैं। इस प्रकार यह वर्कबुक विद्यार्थियों द्वारा कक्षा में पढ़े जाने वाली सामग्री का व्यवस्थित अभ्यास देती है। अत: यह वर्कबुक कक्षा में अथवा अपने घर पर दोनों जगह समान रूप से उपयोगी है।

इस वर्कबुक की कुछ विशेषताएँ निम्न हैं–

- सभी खण्डों क्रमश: पाठ्य-पुस्तक, व्याकरण, लेखन व अपठित बोध का संपूर्ण कवरेज।

- NCERT के सभी अध्यायों का विस्तृत कवरेज।

- विभिन्न प्रकार के प्रश्नों का समावेश; जैसे–रिक्त स्थानों की पूर्ति, सत्य-असत्य, सुमेलन, बहुविकल्पीय, अति लघु उत्तरीय, लघु उत्तरीय व दीर्घ उत्तरीय प्रश्न आदि।

इस वर्कबुक में दी गयी संपूर्ण पाठ्य-सामग्री निश्चित रूप से विद्यार्थियों की विषय संबंधी क्षमताओं व उनके विश्वास में वृद्धि करेगी। इस वर्कबुक के द्वारा विद्यार्थी हिंदी विषय के प्रति अपनी कठिनाइयों तथा प्रश्नों को हल करते समय अपने मन में उठने वाले संदेहों को आसानी से दूर कर पाएँगे।

हम अध्यापकों, विद्यार्थियों व अभिभावकों से अपील करते हैं, कि वे इस वर्कबुक के सुधार के लिए अपने सुझावों को प्रस्तुत करें। हम सभी सुझावों को इस वर्कबुक के अगले संस्करणों में समाहित करने का प्रयास करेंगे।

प्रकाशक

विषय सूची

[अध्याय 1]

मन के भोले-भाले बादल

कल्पनाथ सिंह

पाठ आधारित प्रश्न

1 उचित विकल्प पर सही (✔) का निशान लगाइए।

(i) बादलों ने किसके समान पंख लगाए हुए हैं?

 (क) चिड़िया के समान ☐   (ख) पक्षियों के समान ☐

 (ग) परियों के समान ☐   (घ) जोकर के समान ☐

(ii) बादल के थैलों में क्या है?

 (क) पत्थर ☐   (ख) पानी ☐

 (ग) धुआँ ☐   (घ) ओस ☐

(iii) बादल क्या बजाते हैं?

 (क) ढोलक और ढोल ☐   (ख) मृदंग और तबला ☐

 (ग) शहनाई और तानपूरा ☐   (घ) सितार और सारंगी ☐

(iv) बादल कहाँ बाढ़ लाते हैं?

 (क) घर में ☐   (ख) छत पर ☐

 (ग) समुद्र में ☐   (घ) नदी-नालों में ☐

2 सही कथन पर सही (✔) तथा गलत कथन पर गलत (✘) का निशान लगाइए।

(i) बादल के गाल गुब्बारे जैसे हैं। ☐

(ii) कुछ बादल बिना कूबड़ वाले ऊँटों जैसे दिख रहे हैं। ☐

(iii) बादल किसी की कुछ भी नहीं सुनते हैं। ☐

3 काव्यांश को पढ़कर पूछे गए प्रश्नों के उत्तर लिखिए।

रह-रहकर छत पर आ जाते   बाढ़ नदी-नालों में लाते
फिर चुपके ऊपर उड़ जाते   फिर भी लगते बहुत भले हैं
कभी-कभी ज़िद्दी बन करके   मन के भोले-भाले बादल।

I. सही विकल्प पर सही (✓) का निशान लगाइए।

(i) बादल रह-रहकर कहाँ आ जाते हैं?

(क) कमरे में   ☐   (ख) छत पर   ☐

(ग) थैले में   ☐

(ii) कवि को बादल कैसे लगते हैं?

(क) भले   ☐   (ख) स्वार्थी   ☐

(ग) बुरे   ☐

II. उचित शब्द का प्रयोग करके रिक्त स्थानों की पूर्ति कीजिए।

(i) बादल कभी-कभी ——————— बन जाते हैं।

(ii) बादल का मन ——————— है।

III. एक वाक्य में उत्तर लिखिए।

(i) बादल चुपके से कौन-सा काम करते हैं?

____

(ii) बादल ज़िद्दी बनकर क्या करते हैं?

____

अतिलघु उत्तरीय प्रश्न

1 बादल झूम-झूम कर क्या कर रहे हैं?

____

2 बादल किस प्रकार पानी बरसा रहे हैं?

____

3 बादल छत पर आने के बाद क्या कर रहे हैं?

____

लघु उत्तरीय प्रश्न

1 बादल किस रूप, रंग और आकार के हैं?

2 कविता में बादल की शेर से किस प्रकार तुलना की गई है?

3 बादलों को मन के भोले-भाले बादल क्यों कहा गया है?

दीर्घ उत्तरीय प्रश्न

1 बादल किन-किन प्राणियों के समान प्रतीत हो रहे हैं? कविता में उन प्राणियों की क्या-क्या विशेषताएँ बताई गई हैं?

2 कविता में बादल के किन-किन कार्यों का उल्लेख किया गया है?

भाषा आधारित प्रश्न

1 निम्नलिखित शब्दों का वाक्य में प्रयोग कीजिए।

कूबड़

तूफ़ानी

2 कविता में 'झब्बर' और 'गुब्बारे' शब्द प्रयोग किए गए हैं। ये दोनों शब्द दो व्यंजन 'ब्ब' से निर्मित हैं। नीचे दिए गए दो व्यंजनों से नए-नए शब्द बनाइए।

(i) क् + क = क्क

(ii) च् + च = च्च

(iii) म् + म = म्म

3 दिए गए संकेत की सहायता से रिक्त स्थान भरिए।

संकेत—परी-सी सुंदर लड़की

(i) हाथी-सी —————— दीवार

(ii) जोकर- —————————— चेहरा

(iii) गुब्बारे- ————— गोल

(iv) शेर- ————— मज़बूत

4 कविता में 'जाते-लाते' जैसे समान ध्वनियों वाले शब्दों का प्रयोग किया जाता है। ऐसे शब्द 'तुक वाले शब्द' कहलाते हैं। कविता में से छाँटकर तुक वाले शब्द लिखिए।

(i) पानी —————————

(ii) उठाए —————————

(iii) गालों —————————

5 कविता में पानी बरसने की आवाज़ 'झर-झर-झर' बताई गई है।

नीचे दिए गए संकेत के आधार पर रिक्त स्थान भरिए।

> छुक-छुक-छुक, छम-छम-छम, फर-फर-फर, सन-सन-सन, कल-कल-कल

उदाहरण पानी बरसता है   झर-झर-झर

(i) नदी बहती है —————————

(ii) हवा बहती है —————————

(iii) पायल बजती है —————————

(iv) रेल चलती है —————————

(v) कागज़ उड़ते हैं —————————

पाठ के आस-पास

1 आसमान में बादल कभी सफेद, कभी काले, कभी नीले रंग के दिखाई पड़ते हैं? ऐसा क्यों होता होगा? विचार कर लिखिए।

—————————————————————————————————

—————————————————————————————————

अध्याय 2

जैसा सवाल वैसा जवाब

पाठ आधारित प्रश्न

1 उचित विकल्प पर सही (✓) का निशान लगाइए।

(i) बीरबल किसका पसंदीदा व्यक्ति था?

(क) ख्वाजा सरा का ☐   (ख) सभी दरबारियों का ☐

(ग) बादशाह अकबर का ☐   (घ) इनमें से कोई नहीं ☐

(ii) ख्वाजा सरा का अनुरोध सुनकर अकबर ने किसे बुलाया?

(क) बीरबल को ☐   (ख) सभी दरबारियों को ☐

(ग) संतरी को ☐   (घ) पुरोहित को ☐

(iii) ख्वाजा साहब के सवालों के जवाब देने के लिए भेड़ किसने मँगवाई थी?

(क) अकबर ने ☐   (ख) ख्वाजा सरा ने ☐

(ग) राजवैद्य ने ☐   (घ) बीरबल ने ☐

(iv) अंत में बीरबल ने किसे निरुत्तर कर दिया?

(क) अकबर को ☐   (ख) ख्वाजा सरा को ☐

(ग) दरबारियों को ☐   (घ) महारानी को ☐

2 सही कथन पर सही (✓) तथा गलत कथन पर गलत (✗) का निशान लगाइए।

(i) ख्वाजा सरा को विश्वास था कि बीरबल उसके प्रश्नों का ठीक–ठीक उत्तर नहीं दे पाएगा। ☐

(ii) बीरबल ने 'नकली अक्ल-बहादुर' का प्रयोग ख्वाजा सरा के लिए किया था। ☐

(iii) ख्वाजा सरा ने तीनों सवाल बीरबल को लिखकर दिए थे। ☐

(iv) बीरबल के उत्तरों से ख्वाजा सरा संतुष्ट न था। ☐

3 बॉक्स से उचित शब्दों का प्रयोग करके रिक्त स्थानों की पूर्ति कीजिए।

> बातों, छड़ी, बुद्धि, आकाश, बादशाह, आना-जाना, अचकन-पगड़ी, माला, मरना-जीना, खुश

(i) बीरबल की ————————— के सामने बड़े-बड़ों की भी कुछ नहीं चल पाती थी।

(ii) ख्वाजा सरा अकबर के समक्ष ————————— पहनकर गए थे।

(iii) बीरबल ने पहले प्रश्न का उत्तर ज़मीन पर अपनी ————————— गाड़कर दिया।

(iv) संसार में हर पल लोगों का ————————— लगा रहता है।

4 गद्यांश को पढ़कर पूछे गए प्रश्नों के उत्तर लिखिए।

अकबर के एक खास दरबारी ख्वाजा सरा को अपनी विद्या और बुद्धि पर बहुत अभिमान था। बीरबल को तो वे अपने सामने निरा बालक और मूर्ख समझते थे। लेकिन अपने ही मानने से तो कुछ होता नहीं! दरबार में बीरबल की ही तूती बोलती और ख्वाजा साहब की बात ऐसी लगती थी जैसे नक्कारखाने में तूती की आवाज़। ख्वाजा साहब की चलती तो वे बीरबल को हिंदुस्तान से निकलवा देते लेकिन निकलवाते कैसे?

I. सही विकल्प पर सही (✓) का निशान लगाइए।

(i) ख्वाजा सरा की नज़रों में बीरबल क्या था?

(क) बालक और मूर्ख ☐   (ख) वाचाल और चालाक ☐

(ग) धूर्त और बदमाश ☐   (घ) बुद्धिमान् और विद्वान ☐

(ii) अकबर के दरबार में किसकी तूती बोलती थी?

(क) सभी दरबारियों की ☐   (ख) ख्वाजा सरा की ☐

(ग) जनता की ☐   (घ) बीरबल की ☐

II. एक वाक्य में उत्तर लिखिए।

(i) ख्वाजा सरा कौन था?

____

(ii) ख्वाजा सरा की चलती, तो वह क्या करता?

____

अतिलघु उत्तरीय प्रश्न

1 बादशाह अकबर सबसे अधिक पसंद किसे करता था?

____

2 ख्वाजा ने बीरबल को मूर्ख साबित करने के लिए क्या किया?

____

लघु उत्तरीय प्रश्न

1 ख्वाजा सरा अकबर के पास क्यों गया था?

2 बीरबल ने प्रश्नों के गोलमोल जवाब क्यों दिए थे?

दीर्घ उत्तरीय प्रश्न

1 कुछ दरबारी बीरबल से क्यों जलते थे?

2 अकबर के सामने भेड़ क्यों लाई गई थी? विस्तारपूर्वक उत्तर दीजिए।

3 ख्वाजा का अंतिम प्रश्न क्या था? बीरबल ने उसका क्या उत्तर दिया?

भाषा आधारित प्रश्न

1 यदि आपसे 'दरबारी' शब्द के वर्णों को अलग-अलग करके लिखने के लिए कहा जाए, तो आप लिखेंगे दरबारी = द् + अ + र् + अ + ब् + आ + र् + ई। शब्द के वर्णों (अक्षरों) को इस प्रकार अलग-अलग करके लिखा जाना वर्ण-विच्छेद कहलाता है। नीचे दिए गए वर्णों के मेल से शब्द बनाइए।

(i) अ + क् + अ + ब् + अ + र् + अ　　=

(ii) आ + क् + आ + श् + अ　　=

(iii) ख् + व् + आ + ज् + आ　　=

(iv) म् + उ + स् + ई + ब् + अ + त् + अ　　=

(v) ब् + उ + द् + ध् + इ　　=

2 रेखाएँ खींचकर दोनों ओर के उचित शब्दों का मिलान कीजिए।

स्तंभ 'अ'		स्तंभ 'ब'	
(i)	घटती-बढ़ती	(क)	बातें
(ii)	मरते-जीते	(ख)	आबादी
(iii)	लंबी-चौड़ी	(ग)	लोग

3 भेड़ के शरीर में जितने <u>बाल</u> हैं, उतने ही <u>तारे</u> आसमान में हैं। <u>बालों</u> को गिनकर <u>तारों</u> की संख्या से तुलना कर लें। इन दोनों वाक्यों को ध्यान से देखिए। इनमें चारों रेखांकित शब्द बहुवचन रूप में प्रयोग किए गए हैं, किंतु पहले वाक्य में प्रयुक्त शब्द 'बाल' और 'तारे' दूसरे वाक्य में क्रमश: 'बालों' और 'तारों' के रूप में परिवर्तित हो गए हैं। इसका कारण है 'बालों' के बाद 'को' एवं 'तारों' के बाद 'की' का प्रयोग किया जाना।

कोष्ठक में दिए गए शब्दों की सहायता से रिक्त स्थान भरिए।

(i) बीरबल के ————— सुनकर बादशाह संतुष्ट था। (उत्तर/उत्तरों)

(ii) बीरबल के ————— को गलत साबित नहीं किया जा सका। (जवाब/जवाबों)

(iii) दरबारियों ने बीरबल को नीचा दिखाने के कई ————— अपनाए। (तरीके/तरीकों)

(iv) अकबर को तीनों ————— लिखकर दिए गए थे। (सवाल/सवालों)

(v) आबादी ज्ञात करने के लिए कुल ————— की संख्या गिननी होगी। (लोग/लोगों)

पाठ के आस-पास

1 आप ख्वाजा सरा के इन तीनों प्रश्नों का क्या उत्तर देते?

(i) संसार का केंद्र कहाँ है?

————————————————————————

(ii) आकाश में कितने तारे हैं?

————————————————————————

(iii) संसार की आबादी कितनी है?

————————————————————————

अध्याय 3

किरमिच की गेंद

शांताकुमारी जैन

पाठ आधारित प्रश्न

1 उचित विकल्प पर सही (✓) का निशान लगाइए।

  (i) दिनेश घर में बैठा क्या कर रहा था?

    (क) खेल रहा था ☐   (ख) कहानी पढ़ रहा था ☐

    (ग) टी.वी. देख रहा था ☐   (घ) गाने सुन रहा था ☐

  (ii) दिनेश के घर के बगीचे की क्यारियों के चारों ओर कौन-से वृक्ष लगे हुए थे?

    (क) केले के ☐   (ख) आम के ☐

    (ग) नींबू के ☐   (घ) सेब के ☐

  (iii) दिनेश के मोहल्ले में बच्चों ने खेलने की सुविधा के लिए क्या बनाया हुआ था?

    (क) क्लब ☐   (ख) संस्था ☐

    (ग) मंडली ☐   (घ) टोली ☐

  (iv) अनिल की गेंद कितने महीने पहले खोई थी?

    (क) दो महीने ☐   (ख) तीन महीने ☐

    (ग) चार महीने ☐   (घ) पाँच महीने ☐

  (v) बच्चों के खेलने के क्रम में गेंद कहाँ जा गिरी?

    (क) बाग में ☐   (ख) स्कूटर में बनी जालीदार टोकरी में ☐

    (ग) नाली में ☐   (घ) कूड़ेदान में ☐

2 सही कथन पर सही (✓) तथा गलत कथन पर गलत (✗) का निशान लगाइए।

  (i) दिनेश बरामदे की चिक सरकाकर बाहर की ओर भागा। ☐

  (ii) दीपक की गेंद दो महीने पहले खोई थी। ☐

(iii) दीपक अपना मतलब सिद्ध करने तथा अवसर पड़ने पर सभी को मित्र बना लेने में चतुर था।

(iv) गेंद हथियाने के लिए दीपक सुधीर और अनिल का सहारा ले रहा था।

(v) नई गेंद एकदम ज़ोर से उछली और दरवाज़ा पार कर सड़क पर पहुँच गई।

3 बॉक्स में से उचित शब्दों का प्रयोग करके रिक्त स्थानों की पूर्ति कीजिए।

कोयले, बल्ला, तवे, झगड़ा, निशान, गेंद, आवाज़, निशानी, चतुर, भिंडियों

(i) धरती —————— की तरह तप रही थी।

(ii) सामने की क्यारी में —————— के ऊँचे-ऊँचे पौधे थे।

(iii) दिनेश —————— को हाथ में लिए हुए भीतर आ गया।

(iv) गेंद देखकर —————— बताना कौन-सा कठिन काम है!

(v) सभी गेंदों पर ऐसे ही —————— होते हैं।

4 निम्नलिखित गद्यांश को पढ़कर पूछे गए प्रश्नों के उत्तर दीजिए।

''अरे अरे, बेटा कहाँ जा रहा है? बाहर लू चल रही है।'' दिनेश की माँ मशीन चलाते-चलाते एकदम ज़ोर से बोलीं, परंतु दिनेश रुका नहीं। उसने पैरों में चप्पल भी नहीं पहनी। जून का महीना था। धरती तवे की तरह तप रही थी पर दिनेश को पैरों के जलने की भी चिंता नहीं थी। वह जहाँ से आवाज़ आई थी, उसी ओर भाग चला।

(i) दिनेश की माँ ने उससे क्या पूछा?

———————————————————————————————

(ii) बाहर का मौसम कैसा था?

———————————————————————————————

(iii) दिनेश किस ओर भागा था?

———————————————————————————————

5 निम्नलिखित पंक्ति को पढ़कर पूछे गए प्रश्नों के उत्तर दीजिए।

बच्चे पहले तो चिल्लाते हुए स्कूटर के पीछे भागे, परंतु जल्दी ही सब रुक गए।

(i) बच्चे चिल्लाते हुए किसके पीछे भागे?

———————————————————————————————

(ii) बच्चे भागते हुए रुक क्यों गए?

———————————————————————————————

अतिलघु उत्तरीय प्रश्न

1 बगीचे में आवाज़ होने के समय दिनेश की माँ क्या कर रही थीं?

2 गड्ढे के ऊपर दिनेश को क्या दिखाई दिया?

3 क्लब में सभी बच्चे गेंद खरीदने के लिए क्या करते थे?

4 दिनेश द्वारा गेंद के बारे में पूछे जाने पर किस-किस ने कहा कि गेंद मेरी है?

लघु उत्तरीय प्रश्न

1 अनिल ने दीपक की बात क्यों काट दी?

2 दिनेश ने अपने मित्रों से क्या पूछा था?

3 दिनेश को यह बात कैसे पता चली कि गेंद दीपक की नहीं है?

दीर्घ उत्तरीय प्रश्न

1 दिनेश की माँ उसे बाहर जाने से क्यों रोक रही थीं?

2 गेंद मिलने पर दिनेश के मन में कौन-कौन से विचार आए?

3 गेंद से संबंधित झगड़े का अंत कैसे हुआ?

4 दिनेश कैसा लड़का है? वह ईमानदार है या बेइमान? पाठ के आधार पर तर्कपूर्ण ढंग से अपनी राय लिखिए।

भाषा आधारित प्रश्न

1 निम्नलिखित शब्दों के अर्थ लिखिए।

(i) भवन   (ii) आज़माना

(iii) सुविधा   (iv) आरंभ

(v) निशान   (vi) चतुर

2 दिए गए शब्दों के बहुवचन रूप लिखिए।

उदाहरण : क्यारी — क्यारियाँ

(i) छुट्टी — (ii) गेंद —

(iii) बरामदा — (iv) दरवाज़ा —

3 निम्नलिखित गद्यांश में उचित विराम चिह्न लगाइए।
बराबर में घूँस ने गड्ढे बना रखे थे ढूँढ़ते-ढूँढ़ते जब उसकी निगाह उधर गई तो उसने देखा कि गड्ढे के ऊपर ही एक बिलकुल नई चमचमाती किरमिच की गेंद पड़ी है।

4 पाठ में कई जगह एक शब्द का एक से अधिक बार प्रयोग हुआ है; जैसे—चलाते-चलाते। आप भी पाठ में से ऐसे शब्दों को ढूँढ़कर लिखिए।

(i)   (ii)

पाठ के आस-पास

1 (i) गर्मी की छुट्टियों में तुम कहाँ जाना पसंद करते हो और क्यों?

(ii) तुम्हें कौन-सा खेल खेलना अच्छा लगता है और क्यों?

अध्याय 4

पापा जब बच्चे थे

अलेक्सांद्र रस्किन

पाठ आधारित प्रश्न

1 उचित विकल्प पर सही (✓) का निशान लगाइए।

(i) शुरू-शुरू में पापा क्या बनना चाहते थे?

(क) आइसक्रीम वाला ☐ (ख) चौकीदार ☐ (ग) डॉक्टर ☐ (घ) अध्यापक ☐

(ii) आइसक्रीम के ठेले का रंग कैसा था?

(क) पीला ☐ (ख) सफ़ेद ☐ (ग) हरा ☐ (घ) नारंगी ☐

(iii) पापा आइसक्रीम का ठेला कहाँ खड़ा करना चाहते थे?

(क) घर के पास ☐ (ख) पार्क के पास ☐ (ग) स्कूल के पास ☐ (घ) स्टेशन के पास ☐

(iv) अंत में पापा ने क्या बनने का निश्चय किया?

(क) फौज़ी ☐ (ख) इंसान ☐ (ग) चौकीदार ☐ (घ) इनमें से कोई नहीं ☐

2 सही कथन पर सही (✓) तथा गलत कथन पर गलत (✗) का निशान लगाइए।

(i) जब सारा शहर सो जाता है, तब चौकीदार जागता है। ☐

(ii) पापा आइसक्रीम वाला बनना नहीं चाहते थे। ☐

(iii) एक दिन रेलवे स्टेशन पर उन्होंने एक अजीब आदमी को देखा। ☐

(iv) पापा चौकीदार और शंटिंग करने वाला दोनों नहीं बनना चाहते थे। ☐

(v) एक दिन पापा ने वायुयान चालक बनने का निर्णय लिया। ☐

3 बॉक्स में से उचित शब्द का प्रयोग करके रिक्त स्थानों की पूर्ति कीजिए।

पैसों, अभिनेता, मुफ़्त, अफ़सर, कुत्ता, इंसान, लाठी, चरवाहा, गुस्से, खेल

(i) छोटे बच्चों को तो मैं ——————— में आइसक्रीम दिया करूँगा।

(ii) यह आदमी इंजनों और डिब्बों से ——————— रहा था।

(iii) वह ——————— बनकर गायों के पीछे घूमते हुए दिन बिताना चाहते थे।

(iv) मैं काफ़ी दिन तक ——————— बनकर रह चुका हूँ।

4 निम्नलिखित गद्यांश को पढ़कर पूछे गए प्रश्नों के उत्तर दीजिए।

अंत में एक दिन उन्होंने तय किया कि वह असल में जो बनना चाहते हैं वह है कुत्ता। उस दिन वह दिनभर चारों हाथ-पैरों पर इधर-उधर भागते हुए अजनबियों पर भौंकते रहे। एक बूढ़ी महिला ने उनके सिर को सहलाना चाहा तो पापा ने उन्हें काटने की कोशिश तक की! पापा ने भौंकना तो बड़ी अच्छी तरह से सीख लिया, लेकिन बहुत कोशिश करने पर भी वह अपने पैर से कान के पीछे खुजाना नहीं सीख पाए।

(i) पापा असल में क्या बनना चाहते थे?

(ii) पापा दिनभर क्या करते रहे?

(iii) बूढ़ी महिला के साथ पापा ने कैसा व्यवहार किया?

उचित विकल्प पर सही (✓) का निशान लगाइए।

(iv) पिताजी इधर-उधर भागते हुए किन पर भौंक रहे थे?

    (क) परिवार के सदस्यों पर   ☐   (ख) पड़ोसियों पर   ☐

    (ग) अजनबियों पर   ☐   (घ) रिश्तेदारों पर   ☐

(v) पिताजी ने क्या अच्छी तरह से सीख लिया था?

    (क) काटना ☐   (ख) भौंकना ☐   (ग) खुजलाना ☐   (घ) दौड़ना ☐

अतिलघु उत्तरीय प्रश्न

1 पापा के अनुसार चौकीदार बनने का क्या फ़ायदा था?

2 स्टेशन पर अजीब खेल खेलने वाला व्यक्ति कौन था?

3 आइसक्रीम बेचने के लिए पापा ने कौन-सा समय चुना?

4 जब पापा कुत्ता बनकर बैठे हुए थे, तो वहाँ से कौन गुज़रा?

लघु उत्तरीय प्रश्न

1 पापा आइसक्रीम बेचने वाला बनने की बात पर क्यों अड़े रहे?

2 शंटिंग किसे कहते हैं?

3 फ़ौजी ने पापा से क्या पूछा और उन्होंने क्या उत्तर दिया?

4 पापा ने किस जवाब को सबसे अच्छा माना और क्यों?

दीर्घ उत्तरीय प्रश्न

1 पापा आइसक्रीम बेचने और शंटिंग करने का काम एक साथ कैसे करते?

2 पापा को अफ़सर की कौन-सी बात समझ में आ गई थी? उसका क्या परिणाम हुआ?

3 'पापा जब बच्चे थे' कहानी से हमें क्या शिक्षा मिलती है?

भाषा आधारित प्रश्न

1 नीचे दिए गए शब्दों का अर्थ लिखिए तथा वाक्यों में प्रयोग कीजिए।

	अर्थ	वाक्य प्रयोग
(i) मुफ़्त		
(ii) हैरानी		
(iii) समस्या		

(iv) स्टेशन   —————————————   —————————————

(v) चरवाहा   —————————————   —————————————

(vi) अजनबी   —————————————   —————————————

(vii) अफ़सर   —————————————   —————————————

2 नीचे लिखे शब्दों की जगह और कौन-सा शब्द प्रयोग किया जा सकता है?

खाली स्थान पर लिखिए।

(i) कोशिश ————   (ii) असल ————   (iii) मज़ेदार ————

(iv) यात्रा ————   (v) काम ————   (vi) मुश्किल ————

3 जो शब्द संज्ञा के स्थान पर प्रयोग किए जाते हैं, वे सर्वनाम कहलाते हैं।

निम्नलिखित गद्यांश में आए सर्वनाम शब्दों को छाँटकर लिखिए।

जब पापा के माता-पिता ने यह सुना कि वह आइसक्रीम बेचनेवाला बनना चाहते हैं, तो उन्हें बहुत हैरानी हुई। उन्हें यह बात बहुत मज़ेदार लगी और वे खूब हँसे, लेकिन पापा इसी बात पर अड़े रहे कि वह यही काम करेंगे।

4 नीचे दो अलग-अलग वाक्य दिए जा रहे हैं। आप 'और' शब्द का प्रयोग कर उन्हें जोड़कर एक वाक्य बनाइए।

(i) वह ठेले को लेकर घूम सकते हैं।

जितना मन चाहे उतनी आइसक्रीम भी खा सकते हैं।

(ii) उन्हें यह बात बहुत मज़ेदार लगी।

वे खूब हँसे।

पाठ के आस-पास

1 क्या आपको अपने घर में कुत्ता पालना अच्छा लगता है? यदि हाँ, तो क्यों?

2 आप बड़े होकर क्या बनना चाहते हैं और क्यों? सोचकर लिखिए।

दोस्त की पोशाक

पाठ आधारित प्रश्न

1 उचित विकल्प पर सही (✓) का निशान लगाइए।

(i) नसीरूद्दीन किससे मिलकर बड़े खुश हुए?

(क) पड़ोसी से ☐   (ख) पुराने मित्र से ☐

(ग) भाई से ☐   (घ) बेटे से ☐

(ii) जमाल साहब की पोशाक कैसी थी?

(क) भड़कीली ☐   (ख) सुंदर ☐

(ग) गंदी ☐   (घ) मामूली ☐

(iii) नसीरूद्दीन और जमाल साहब कहाँ घूमने गए?

(क) मोहल्ले में ☐   (ख) बाज़ार ☐

(ग) चिड़ियाघर ☐   (घ) खेत में ☐

(iv) जमाल साहब ने जो अचकन पहनी थी, वह वास्तव में किसकी थी?

(क) जमाल साहब की ☐   (ख) नसीरूद्दीन की ☐

(ग) पड़ोसी की ☐   (घ) हुसैन साहब की ☐

2 सही कथन के सामने सही (✓) तथा गलत कथन के सामने गलत (✗) का निशान लगाइए।

(i) नसीरूद्दीन की जमाल साहब से नई-नई दोस्ती हुई थी। ☐

(ii) जमाल साहब भड़कीली अचकन पहनकर निकले। ☐

(iii) नसीरूद्दीन की बात को सुनकर जमाल साहब पर घड़ों पानी पड़ गया। ☐

(iv) हुसैन साहब नसीरूद्दीन के घर गए थे। ☐

3 बॉक्स में से उचित शब्द का प्रयोग करके रिक्त स्थानों की पूर्ति कीजिए।

> बुरा, मोहल्ले, मुलाकात, पैसे, मित्रता, मना, अच्छा, पड़ोसी, दोस्त, कपड़े

(i) जमाल साहब ने मोहल्ले में घूमने से —————— कर दिया।

(ii) नसीरूद्दीन की जमाल साहब से कई सालों बाद —————— हुई थी।

(iii) तुम्हारा —————— सोच रहा होगा कि मेरे पास अपने —————— हैं ही नहीं।

(iv) पोशाक के बारे में न कहना ही —————— है।

4 रेखाएँ खींचकर दोनों ओर के शब्दों का सही मिलान कीजिए।

स्तंभ 'अ'	स्तंभ 'ब'
(i) पोशाक की बात	(क) मैंने वैसा किया।
(ii) ये हैं मेरे खास दोस्त	(ख) कैसी अकल है।
(iii) चलो दोस्त	(ग) कहे बिना काम नहीं चलता।
(iv) तुम्हारी	(घ) मोहल्ले में घूम आएँ।
(v) तुमने जैसा चाहा	(ङ) जमाल साहब।

5 अब नसीरूद्दीन उन्हें हुसैन साहब से मिलवाने ले गए। हुसैन साहब ने गर्मजोशी से उनका स्वागत सत्कार किया। जब जमाल साहब के बारे में पूछा तो नसीरूद्दीन ने कहा, "जमाल साहब मेरे पुराने दोस्त हैं और इन्होंने जो अचकन पहनी है वह इनकी अपनी ही है।"

जमाल साहब फिर नाराज़ हो गए। बाहर आकर बोले, "झूठ बोलने को किसने कहा था तुमसे?"

(i) पहली पंक्ति में 'उन्हें' शब्द का प्रयोग किसके लिए किया गया है?

(ii) हुसैन साहब ने किसका, किस प्रकार से स्वागत किया?

(iii) जमाल साहब के बारे में किसने, किससे पूछा?

(iv) जमाल साहब किसकी बात सुनकर नाराज़ हुए?

(v) गद्यांश में झूठ बोलने का आरोप कौन और किस पर लगा रहा है?

अतिलघु उत्तरीय प्रश्न

1 नसीरूद्दीन के मित्र का क्या नाम था?

2 नसीरूद्दीन अपने मित्र के लिए क्या लाए?

3 नसीरूद्दीन अपने मित्र को लेकर सबसे पहले किससे मिलने गए?

4 नसीरूद्दीन और उनके मित्र कितने लोगों से मिले?

लघु उत्तरीय प्रश्न

1 जमाल साहब लोगों से क्यों नहीं मिलना चाहते थे?

2 नसीरूद्दीन के पड़ोसी ने उनके मित्र की पोशाक की असलियत कैसे जानी?

3 नसीरूद्दीन ने अंत में अपने मित्र का परिचय किससे और किस प्रकार करवाया?

दीर्घ उत्तरीय प्रश्न

1 नसीरूद्दीन ने जमाल साहब को घूमने के लिए कैसे तैयार किया?

2 नसीरूद्दीन दूसरी बार अपने मित्र के साथ कहाँ गए और उन्होंने वहाँ उनका परिचय किस प्रकार करवाया?

भाषा आधारित प्रश्न

1 निम्नलिखित शब्दों के अर्थ लिखिए तथा अपने वाक्य में प्रयोग कीजिए।

	अर्थ	वाक्य प्रयोग
(i) गपशप		
(ii) बनठन कर		
(iii) मुलाकात		
(iv) स्वागत		

2 निम्नलिखित वाक्यों में से संज्ञा और क्रिया शब्द छाँटकर लिखिए।

वाक्य	संज्ञा	क्रिया
(i) मोहल्ले में घूम आएँ।		
(ii) जमाल साहब ने जाने से मना कर दिया।		
(iii) गपशप होने लगी।		
(iv) गलती हो गई।		

पाठ के आस-पास

1 ''मैं आपका परिचय अपने पुराने दोस्त से करवा दूँ। यह हैं जमाल साहब और इन्होंने जो अचकन पहनी है उसके बारे में मैं चुप ही रहूँ तो अच्छा है।'' नसीरूद्दीन ने अंत में अपने एक अन्य पड़ोसी को जमाल साहब का परिचय इस प्रकार दिया था। उस पड़ोसी से दूर हटने के बाद जमाल साहब और नसीरूद्दीन के बीच क्या बातचीत हुई होगी? सोचकर लिखिए।

जमाल

नसीरूद्दीन

जमाल

अध्याय 6

नाव बनाओ नाव बनाओ

हरिकृष्णदास गुप्त

पाठ आधारित प्रश्न

1 उचित विकल्प पर सही (✓) का निशान लगाइए।

(i) बादल कितने समुंदर भर के लाया है?

(क) चार ☐   (ख) पाँच ☐

(ग) छ: ☐   (घ) सात ☐

(ii) कवि किसका सागर भरकर लाने को कहता है?

(क) पानी का ☐   (ख) रस का ☐

(ग) दूध का ☐   (घ) ये सभी ☐

(iii) कवि के घर के पास की गली कैसी है?

(क) लंबी-चौड़ी ☐   (ख) संकरी ☐

(ग) टेढ़ी-मेढ़ी ☐   (घ) ऊबड़-खाबड़ ☐

(iv) कवि भैया से कैसा कागज़ लाने को कहता है?

(क) सफ़ेद ☐   (ख) काला ☐

(ग) रंग-बिरंगा ☐   (घ) ये सभी ☐

2 बॉक्स में से उचित शब्दों का प्रयोग करके रिक्त स्थानों की पूर्ति कीजिए।

> नए-नए, भैया, हल्के, बादल, भारी, कागज, बाज़ार, सागर, हर्षित, घिर-घिर

(i) बादल —————— कर छा जाते हैं।

(ii) भैया की गुल्लक —————— है।

(iii) कागज़ लेने के लिए भैया को —————— जाना पड़ेगा।

3 कविता के आधार पर रेखा खींचकर स्तंभ 'अ' और स्तंभ 'ब' में मिलान कीजिए।

<table>
<tr><td align="center">स्तंभ 'अ'</td><td align="center">स्तंभ 'ब'</td></tr>
<tr><td>(i) भैया मेरे</td><td>(क) चढ़ती-गढ़ती</td></tr>
<tr><td>(ii) घिर-घिर कर</td><td>(ख) कागज़ चमकीला</td></tr>
<tr><td>(iii) लंबी-चौड़ी</td><td>(ग) गली भरेगा</td></tr>
<tr><td>(iv) ले आओ</td><td>(घ) जल्दी आओ</td></tr>
<tr><td>(v) सबकी आँखें</td><td>(ङ) बादल छाया</td></tr>
</table>

4 निम्नलिखित कविता की पंक्तियाँ पढ़िए और पूछे गए प्रश्नों के उत्तर दीजिए।

> छप-छप कर कूड़े से अड़ती,
> बूँदों-लहरों लड़ती-बढ़ती
> सबकी आँखों चढ़ती-गढ़ती
> नाव तैरा मुझको हर्षाओ।
> भैया मेरे, जल्दी आओ।।
> क्या कहते? मेरे क्या बस का?
> क्यों? तब फिर यह किसके बस का?
> खोट सभी है बस आलस का,
> आलस छोड़ो सब कर पाओ।
> भैया मेरे, जल्दी आओ।।

(i) नाव छप-छप करती हुई किससे अड़ती है?

____

(ii) उपर्युक्त पंक्तियों में किसे जल्दी आने के लिए कहा जा रहा है?

____

(iii) प्रस्तुत पंक्तियों में किसके खोट के विषय में बात की गई है?

____

(iv) कवि ने भैया को क्या छोड़ने के लिए कहा है?

____

अतिलघु उत्तरीय प्रश्न

1 पानी पड़ने से क्या होता है?

____

2 कवि की गुल्लक कैसी है?

____

3 नाव बनाने के लिए बाज़ार से क्या लाना पड़ेगा?

4 कागज़ की नाव किनसे लड़ती हुई आगे बढ़ती है?

लघु उत्तरीय प्रश्न

1 आकाश में बादलों के छा जाने से क्या होता है?

2 कवि, भैया से किसकी गुल्लक से पैसे निकालने के लिए कहता है और क्यों?

3 कवि ने नाव बनाने के लिए क्या-क्या चलाने के लिए कहा है?

4 काव्यांश में किस कारण हर्षित होने की बात कही है?

भाषा आधारित प्रश्न

1 निम्नलिखित शब्दों के अर्थ लिखिए एवं वाक्यों में प्रयोग कीजिए।

	अर्थ	वाक्य प्रयोग
(i) टटोलो		
(ii) रोलो		
(iii) लपकना		
(iv) हर्षाना		
(v) खोट		

2 विलोम शब्द लिखिए।

(i) जल्दी   (ii) हल्की

(iii) नए   (iv) छाया

3 निम्नलिखित शब्दों के दो-दो पर्यायवाची शब्द लिखिए।

(i) पानी ________ ________   (ii) सागर ________ ________

(iii) नदी ________ ________   (iv) आँख ________ ________

(v) बारिश ________ ________   (vi) बादल ________ ________

4 जब किसी एक ही शब्द का प्रयोग दो बार किया जाता है, तो उसे पुनरुक्त शब्द कहते हैं; जैसे— कभी-कभी, ऊँचे-ऊँचे। कविता में प्रयुक्त इस प्रकार के पुनरुक्त शब्द छाँटकर लिखिए।

(i) ________   (ii) ________   (iii) ________

5 कविता में से निम्नलिखित शब्दों के समान तुक वाले शब्द छाँटकर लिखिए।

(i) बनाओ ________   (ii) पड़ेगा ________

(iii) खोलो ________   (iv) चमकीला ________

(v) बढ़ती ________   (vi) हर्षाओ ________

पाठ के आस-पास

1 वर्षा ऋतु आपको कैसी लगती है? इसमें आपको क्या-क्या करना अच्छा लगता है?
(पाँच वाक्य लिखिए)

____

____

____

____

2 प्रस्तुत कविता में नाव का वर्णन किया गया है। आपके मन में वर्षा ऋतु का जो चित्र उभरता है, उसका वर्णन करें।

____

____

____

अध्याय 7

दान का हिसाब

सुकुमार राय

पाठ आधारित प्रश्न

1 उचित विकल्प पर सही (✓) का निशान लगाइए।

(i) राजसभा में किस प्रकार के लोग आते रहते थे?

(क) विद्वान् ☐   (ख) सज्जन ☐

(ग) नामी ☐   (घ) दुःखी ☐

(ii) देश में कौन-सी प्राकृतिक आपदा आ गई थी?

(क) अकाल ☐   (ख) भूकंप ☐

(ग) बाढ़ ☐   (घ) ये सभी ☐

(iii) प्रजा ने राजा से कितने रुपए माँगे?

(क) पाँच हज़ार ☐   (ख) दस हज़ार ☐

(ग) बीस हज़ार ☐   (घ) पच्चीस हज़ार ☐

(iv) किनकी सहायता करना राजा का कर्तव्य होता है?

(क) ज़रूरतमंदों की ☐   (ख) अमीरों की ☐

(ग) राजाओं की ☐   (घ) राज परिवार की ☐

2 सही कथन के सामने सही (✓) तथा गलत कथन के सामने गलत (✗) का निशान लगाइए।

(i) राजसभा में गरीब, दुःखी, विद्वान् और सज्जन सभी का आदर सत्कार होता था। ☐

(ii) राजा दिल खोलकर दान दिया करता था। ☐

(iii) पूर्वी सीमा के लोग भूखे-प्यासे मरने लगे। ☐

(iv) महल में प्रतिदिन हज़ारों रुपये सुगंधित वस्त्रों, मनोरंजन और महल की सजावट में खर्च होते थे। ☐

3 बॉक्स में दिए गए शब्दों की सहायता से वाक्य पूरे कीजिए।

> *महाराज, राजभंडारी, दस, हिसाब, दान, दो, आदेश, संन्यासी, सप्ताह, उलझन*

राजा के (i) _________ के अनुसार (ii) _________ प्रतिदिन हिसाब करके (iii) _________ को भिक्षा देने लगा। इस तरह (iv) _________ दिन बीते, (v) _________ दिन बीते। दो (vi) _________ तक भिक्षा देने के बाद भंडारी ने (vii) _________ करके देखा कि (viii) _________ में काफ़ी धन निकला जा रहा है। यह देखकर उन्हें (ix) _________ महसूस होने लगी। (x) _________ तो कभी किसी को इतना दान नहीं देते।

4 निम्नलिखित गद्यांश को पढ़कर पूछे गए प्रश्नों के उत्तर लिखिए।

भंडारी ने कहा, "मज़ाक क्यों करूँगा? आप ही हिसाब देख लीजिए।" यह कहकर उसने हिसाब का कागज़ मंत्री जी को दे दिया। हिसाब देखकर मंत्री जी को चक्कर आ गया। सभी उन्हें सँभालकर बड़ी मुश्किलों से राजा के पास ले गए। राजा ने पूछा "क्या बात है?" मंत्री बोले, "महाराज, राजकोष खाली होने जा रहा है।" राजा ने पूछा, "वह कैसे?" मंत्री बोले, "महाराज, संन्यासी को आपने भिक्षा देने का हुक्म दिया है।"

(i) मंत्री जी ने हिसाब का कागज़ किसे व क्यों दिया?

____

(ii) मंत्री को सँभालकर कहाँ व किसके द्वारा ले जाया गया?

____

(iii) मंत्री जी ने राजा को क्या बताया?

____

(iv) 'चक्कर' जैसे दो अन्य शब्द लिखिए, जिनमें दो व्यंजन हों।

क्क _________ , _________

अतिलघु उत्तरीय प्रश्न

1 राजा किस प्रकार के कपड़े पहनता था?

____

2 लोग क्या खरीदकर अपनी जान बचाना चाहते थे?

____

3 अचानक राजसभा में कौन आ गया?

____

4 भंडारी हड़बड़ाता हुआ किसके पास गया?

5 आखिरकार लाचार होकर राजा को राजकोष से कितने रुपये देने पड़े?

6 संन्यासी ने राजा की तुलना किससे की?

लघु उत्तरीय प्रश्न

1 राजसभा में कौन-से लोग नहीं आते थे व क्यों?

2 लोग राजा की कौन-सी बात सुनकर निराश होकर लौट गए?

3 एक व्यक्ति के अनुसार महलों में प्रतिदिन हज़ारों रुपए किस पर खर्च होते हैं?

4 राजा किसी को दान देना क्यों नहीं चाहता था?

5 राजा ने क्रोधित होकर दूत से क्या कहा?

6 संन्यासी ने राजा को आशीर्वाद देते हुए क्या कहा?

7 भंडारी क्यों घबरा गया?

8 राजा का संन्यासी के प्रति क्या हुक्म था? भिक्षा के रूप में राजा द्वारा संन्यासी को कितने रुपये देने पड़ते?

दीर्घ उत्तरीय प्रश्न

1 लोग राजा के पास क्यों आए थे एवं राजा ने उन्हें क्या कहा?

2 राजा का क्रोध देखकर लोगों के वहाँ से चले जाने के बाद राजा हँसते हुए क्या बोला?

3 संन्यासी का भिक्षा लेने का नियम कैसा था?

4 हिसाब देखकर मंत्री जी को क्या हुआ? वह हिसाब का कागज़ किसके पास ले गए?

5 राजा और मंत्री को संन्यासी के आगे क्यों गिड़गिड़ाना पड़ा?

6 राजा के गिड़गिड़ाने पर संन्यासी ने गंभीर होकर क्या कहा?

भाषा आधारित प्रश्न

1 निम्नलिखित शब्दों के अर्थ लिखिए।

(i) सत्कार _____________   (ii) गुहार _____________

(iii) अकाल _____________   (iv) प्रसिद्धि _____________

(v) लोभी _____________   (vi) हुक्म _____________

2 नीचे दिए शब्दों के सामने समान अर्थ बताने वाले शब्द लिखिए।

(i) कपड़े _____________   (ii) भगवान _____________

(iii) खत्म   ____________   (iv) खुद   ____________

(v) राजा   ____________   (vi) कष्ट   ____________

(vii) धन   ____________   (viii) सागर   ____________

3 विलोम शब्द लिखिए।

(i) गरीब   ____________   (ii) दु:खी   ____________

(iii) विद्वान   ____________   (iv) सज्जन   ____________

(v) जीवित   ____________   (vi) धनी   ____________

(vii) मुश्किल   ____________   (viii) छोटे   ____________

(ix) इच्छा   ____________   (x) कम   ____________

4 निम्नलिखित शब्दों का शुद्ध रूप लिखिए।

(i) पूरवी   ____________   (ii) भीखारी   ____________

(iii) पयासे   ____________   (iv) किरपा   ____________

(v) भुकंप   ____________   (vi) नीराश   ____________

(vii) दीवालीया   ____________   (viii) परकोप   ____________

(ix) दू:खीयों   ____________   (x) रुपै   ____________

5 प्रस्तुत पाठ में कुछ मुहावरों का प्रयोग किया गया है, जैसे—**दिवालिया होना।** आप भी पाठ में से दो मुहावरे छाँटिए और उनके वाक्य भी बनाइए

           मुहावरे   **वाक्य प्रयोग**

(i) ____

(ii) ____

पाठ के आस-पास

1 पाठ के आधार पर निम्न पात्रों के चरित्र के गुण व दोष अलग-अलग वाक्यों में लिखिए।

(i) राजा ____

____

(ii) मंत्री

(iii) संन्यासी

2 दिए गए चित्र में किनके बीच बातचीत हो रही है? इनके बीच हुई बातचीत को अपने शब्दों में लिखिए।

3 राजा ने अकाल से पीड़ित लोगों की मदद नहीं की। आपके विचार से उन्हें अपनी प्रजा की मदद किस प्रकार करनी चाहिए थी? (चार वाक्यों में उत्तर लिखिए)

(i)

(ii)

(iii)

(iv)

4 आप भूकंप अथवा अकाल से पीड़ित लोगों की मदद कैसे करेंगे? सोचकर लिखिए।

अध्याय 8

कौन?

सोहन लाल द्विवेदी

पाठ आधारित प्रश्न

1 उचित विकल्प पर सही (✓) का निशान लगाइए।

(i) स्याही को किसने बिखराया?

(क) बिल्ली ने ☐   (ख) चूहे ने ☐   (ग) बच्चे ने ☐   (घ) कुत्ते ने ☐

(ii) दोने में क्या रखा हुआ था?

(क) मिठाई ☐   (ख) पूड़ी ☐   (ग) सब्ज़ी ☐   (घ) कचौड़ी ☐

(iii) तस्वीर के कितने टुकड़े हो गए?

(क) तीन ☐   (ख) चार ☐   (ग) दो ☐   (घ) पाँच ☐

(iv) खलीता से अनजाने में क्या गिर जाता है?

(क) दूध ☐   (ख) पैसा ☐   (ग) पानी ☐   (घ) रोटी ☐

(v) शरारती जीव क्या नहीं करने देता था?

(क) खेलने ☐   (ख) पढ़ने ☐   (ग) सोने ☐   (घ) जाने ☐

2 कविता में आपने पढ़ा कि शरारती जीव ने बहुत सारी चीज़ों को कुतरा, काटा और बिखेर दिया। अब आप बताइए कि उसने किन-किन चीज़ों को

कुतर दिया	काट दिया	बिखेर दिया

3 निम्नलिखित कविता की पंक्तियों को पढ़िए और पूछे गए प्रश्नों के उत्तर दीजिए।

किसने जिल्द काट डाली है?   कौन उठा ले जाता छन्ने?
बिखर गए पोथी के पन्ने।   कुतर-कुतर कर कागज़ सारे
रोज़ टाँगता धो-धोकर मैं   रद्दी से घर को भर जाता।

(i) जिल्द किसने काट डाली?

(ii) पोथी के पन्नों का क्या हाल हुआ?

(iii) कवि रोज़ क्या धो-धोकर टाँगता था?

(iv) शरारती जीव घर को किस चीज़ से भर देता था?

अतिलघु उत्तरीय प्रश्न

1 कविता में किसके बारे में बताया गया है?

2 पूरे घर में शरारती जीवन ने क्या बिखेर दिया था?

3 कूड़ा कौन बीनता है?

4 वह शरारती जीव कहाँ छिप जाता है?

लघु उत्तरीय प्रश्न

1 दोना खाली क्यों रह गया?

2 रातभर कौन जगता है? रातभर जागकर वह क्या-क्या करता है?

3 घर में किस-किस तरह की चीज़ों का नुकसान हुआ है?

भाषा आधारित प्रश्न

1 निम्नलिखित शब्दों के विलोम शब्द लिखिए।

(i) रात   (ii) सोना

(iii) रोज़   (iv) गिरना

2 नीचे लिखे शब्दों के एक-एक समानार्थी शब्द लिखिए।

(i) अनाज ________________   (ii) पोथी ________________

(iii) घर ________________   (iv) तसवीर ________________

(v) दुनिया ________________   (vi) रात ________________

3 बॉक्स में लिखे शब्दों को वर्णमाला के क्रम में लिखिए।

> *स्याही, बटन, मिठाई, रस्सी, जगता, शरारत, गड़बड़, सोना, छिपना, कोना*

(i) ________   (ii) ________   (iii) ________   (iv) ________

(v) ________   (vi) ________   (vii) ________   (viii) ________

(ix) ________   (x) ________

4 शब्दों के अर्थ लिखिए।

(i) कुतरना ________________

(ii) दुबकना ________________

(iii) छन्ना ________________

(iv) जिल्द ________________

(v) धाता ________________

5 निम्नलिखित पंक्तियों में से संज्ञा शब्द छाँटकर लिखिए।

(i) किसने बटन हमारे कुतरे? ________

(ii) किसने स्याही को बिखराया? ________

(iii) घर-भर में अनाज बिखराया ________

(iv) दो टुकड़े तसवीर हो गई ________

6 कविता की पंक्तियों के अंत में आए समान तुक वाले शब्दों को छाँट कर लिखिए।

(i) मिठाई ________   (ii) पन्ने ________

(iii) सोने ________   (iv) धाता ________

7 कविता में एक शरारती जीव का वर्णन किया गया है। क्या आप उस शरारती जीव को जानते हो? पाँच वाक्य लिखकर उसका वर्णन कीजिए।

(i) ________________   (ii) ________________

(iii) ________________   (iv) ________________   (v) ________________

8 आप अपने घर में किन-किन शरारती जीवों से परेशान रहते हैं, उन पाँच शरारती जीवों के नाम लिखिए।

(i) ——————————   (ii) ——————————

(iii) ——————————   (iv) ——————————

9 निम्नलिखित शब्दों का अपने वाक्यों में प्रयोग कीजिए।

(i) दुबकना ——————————

(ii) चट कर जाना ——————————

(iii) तस्वीर ——————————

(iv) अनजाने ——————————

(v) रद्दी ——————————

पाठ के आस-पास

1 आप कविता 'कौन' के शरारती जीव से कैसे छुटकारा पा सकते हैं?

——————————————————————————

——————————————————————————

2 अपने मित्र को पत्र लिखकर बताइए कि एक चूहा आपके घर में घुस गया है और वह आपकी किन-किन चीज़ों का नुकसान कर गया है?

प्रिय मित्र,

——————————————————————————

——————————————————————————

——————————————————————————

अध्याय 9

स्वतंत्रता की ओर

सुभद्रा सेन गुप्ता

पाठ आधारित प्रश्न

1 उचित विकल्प पर सही (✓) का निशान लगाइए।

(i) गांधीजी के आश्रम में रहने वाला धनी कितने साल का था?

(क) सात   ☐   (ख) आठ   ☐

(ग) नौ   ☐   (घ) दस   ☐

(ii) गांधीजी की तरह सभी लोग किसके लिए लड़ रहे थे?

(क) धन के लिए   ☐   (ख) भारत की स्वतंत्रता के लिए   ☐

(ग) भोजन के लिए   ☐   (घ) योजना बनाने के लिए   ☐

(iii) गांधीजी और उनके साथी कहाँ बैठकर योजना बना रहे थे?

(क) बगीचे में   ☐   (ख) कमरे में   ☐

(ग) बरामदे में   ☐   (घ) आश्रम में   ☐

(iv) धनी ने बिन्नी को किससे बाँधा?

(क) नींबू के पेड़ से   ☐   (ख) आम के पेड़ से   ☐

(ग) झाड़ी से   ☐   (घ) रस्सी से   ☐

(v) गांधीजी अपनी यात्रा पर किस प्रकार जा रहे थे?

(क) बस से   ☐   (ख) ट्रेन से   ☐

(ग) पैदल   ☐   (घ) हवाई जहाज़ से   ☐

2 सही कथन के सामने सही (✓) तथा गलत कथन के सामने गलत (✗) का निशान लगाइए।

(i) बिन्नी धनी की सबसे अच्छी दोस्त थी।   ☐

(ii) बिंदा ने धनी के सवालों का जवाब देने से मना कर दिया।   ☐

(iii) भारतीयों को नमक बनाने की मनाही थी।

(iv) धनी के पिता बड़े आराम से पेड़ के नीचे बैठे हुए थे।

(v) धनी भी गांधीजी के साथ यात्रा पर गया।

3 बॉक्स में से उचित शब्दों का प्रयोग करके रिक्त स्थानों की पूर्ति कीजिए।

> *गरीब, योजना, कर, उत्साह, घास, शर्म, सत्याग्रह, आश्रम, बकरी, रसोईघर*

(i) बिन्नी ने ———— चबाते हुए सिर हिलाया।

(ii) तुम्हारे सब सवालों के जवाब दूँगा पहले इस ———— को बाँधो।

(iii) गांधीजी ब्रिटिश सरकार के खिलाफ़ ———— के जुलूस निकालते हैं।

(iv) ब्रिटिश सरकार के लिए यह बड़ी ———— की बात होगी।

(v) महात्मा जी ने ब्रिटिश सरकार को ———— हटाने को कहा।

4 निम्नलिखित गद्यांशों को पढ़कर पूछे गए प्रश्नों के उत्तर दीजिए।

(क) ''नमक की ज़रूरत सभी को है... इसका मतलब है कि हर भारतवासी गरीब से गरीब भी यह कर देता है,'' बिंदा चाचा ने आगे समझाया। ''लेकिन यह तो सरासर अन्याय है!'' धनी की आँखों में गुस्सा था। इतना ही नहीं भारतीय लोगों को नमक बनाने की मनाही है। महात्मा जी ने ब्रिटिश सरकार को कर हटाने को कहा पर उन्होंने यह बात ठुकरा दी। इसलिए उन्होंने निश्चय किया है कि वे दांडी चल कर जाएँगे और समुद्र के पानी से नमक बनाएँगे।

(i) नमक पर 'कर' कौन देता था?

———————————————————————————

(ii) धनी को गुस्सा क्यों आया?

———————————————————————————

(iii) गांधीजी ने ब्रिटिश सरकार को क्या कहा?

———————————————————————————

(iv) गांधीजी ने क्या निश्चय किया?

———————————————————————————

(ख) अगले दिन जैसे ही सूरज निकला, धनी बिस्तर छोड़कर गांधीजी को ढूँढ़ने निकला। वे गौशाला में गायों को देख रहे थे। फिर वह सब्ज़ी के बगीचे में मटर और बंदगोभी देखते हुए बिंदा से बात करने लगे। धनी और बिन्नी लगातार उनके पीछे-पीछे चल रहे थे।

    (i) धनी बिस्तर छोड़कर किन्हें ढूँढ़ने निकला?

    (ii) गांधीजी कहाँ थे तथा वहाँ किसे देख रहे थे?

    (iii) गांधीजी कहाँ और क्या-क्या देखते हुए बिंदा से बात करने लगे?

    (iv) गांधीजी के पीछे-पीछे कौन-कौन चल रहे थे?

अतिलघु उत्तरीय प्रश्न

1 धनी और उसके माता-पिता कहाँ रहते थे?

2 बिन्नी कौन थी?

3 गांधीजी कहाँ जा रहे थे?

4 बूढ़ा बिंदा क्या खोद रहा था?

5 क्या बिंदा भी यात्रा पर जा रहा था?

लघु उत्तरीय प्रश्न

1 साबरमती में सबको क्या करना पड़ता था?

2 बिंदा ने धनी से बकरी को कहाँ और क्यों बाँधने के लिए कहा?

3 गांधीजी किसी बात का विरोध करने के लिए क्या करते थे?

4 धनी ने बापू जी से मिलने का निश्चय क्यों किया?

5 धनी ने अपना और बिन्नी का परिचय किस प्रकार दिया?

दीर्घ उत्तरीय प्रश्न

1 धनी कौन था? आश्रम में उसका क्या कार्य था?

2 बिंदा ने धनी को गांधीजी की यात्रा के बारे में क्या बताया?

3 गांधीजी ने धनी को अपने साथ न चलने के लिए कैसे मनाया?

भाषा आधारित प्रश्न

1 निम्नलिखित शब्दों के अर्थ लिखकर वाक्य बनाइए।

	अर्थ	वाक्य प्रयोग
(i) स्वतंत्रता		
(ii) विरोध		
(iii) सत्याग्रह		
(iv) आश्चर्य		
(v) निश्चय		
(vi) व्यस्त		
(vii) गर्व		

2 निम्नलिखित शब्दों के विलोम शब्द लिखिए।

(i) सुबह _________________   (ii) सवाल _________________

(iii) गाँव _________________   (iv) खरीदना _________________

(v) गरीब _________________   (vi) अन्याय _________________

(vii) स्वतंत्रता _________________   (viii) विरोध _________________

3 निम्नलिखित शब्दों के समानार्थी शब्द लिखिए।

(i) पानी _________________   (ii) दोस्त _________________

(iii) समुद्र _________________   (iv) खिलाफ़ _________________

(v) आँख _________________   (vi) यात्रा _________________

4 निम्नलिखित शब्दों के शुद्ध रूप लिखिए।

(i) आश्रम _________________   (ii) बरतन _________________

(iii) चूलहा _________________   (iv) सबजी _________________

(v) यातरा _________________   (vi) जुलुस _________________

5 निम्नलिखित शब्दों के दो अलग-अलग अर्थ हैं। इनके अर्थ समझकर अलग-अलग वाक्य बनाइए।

(i) कर — लगान, टैक्स / कार्य करना _________________

(ii) कल — बीता हुआ दिन / आने वाला दिन _________________

(iii) भाग — हिस्सा / दौड़ना _________________

पाठ के आस-पास

1 **मेरा प्रिय नेता** विषय पर पाँच पंक्तियाँ लिखिए। साथ ही यह भी बताइए कि वह आपको क्यों अच्छे लगते हैं?

____

____

____

____

अध्याय 10

थप्प रोटी थप्प दाल

रेखा जैन

पाठ आधारित प्रश्न

1 उचित विकल्प पर सही (✓) का निशान लगाइए।

(i) मुन्नी के साथ रोटी कौन बनाता है?

(क) सरला ☐   (ख) तरला ☐

(ग) चुन्नू ☐   (घ) नीना ☐

(ii) टिंकू क्या पकाता है?

(क) बड़ियाँ ☐   (ख) दाल ☐

(ग) सब्ज़ी ☐   (घ) रोटी ☐

(iii) खाना खाकर सारे बच्चे क्या करते हैं?

(क) घर जाते हैं ☐   (ख) बाहर चले जाते हैं ☐

(ग) सो जाते हैं ☐   (घ) खेलते हैं ☐

(iv) छींके पर गरम–गरम क्या रखा है?

(क) दाल ☐   (ख) भात ☐

(ग) रोटी ☐   (घ) मट्ठा ☐

(v) आधी रात में आकर रोटी और भात कौन खा जाता है?

(क) तरला ☐   (ख) सरला ☐

(ग) बिल्ली ☐   (घ) टिंकू ☐

2 सही कथन के सामने सही (✓) तथा गलत कथन के सामने गलत (✗) का निशान लगाइए।

(i) मुन्नी ने नीना को रोटी का खेल खेलने के लिए बुलाया। ☐

(ii) बच्चा खेलता हुआ माँ के पास आता है। ☐

(iii) मुन्नी हांडी में दाल पकाती है। □

(iv) बिल्ली आलसियों को सबक सिखाती है। □

(v) बच्चे बिल्ली को आसानी से पकड़ लेते हैं। □

3 बॉक्स में से उचित शब्द का चुनाव करके रिक्त स्थान भरिए।

> *मट्ठा, पंक्ति, आँख, मक्खन, धुएँ, आँसू, हांडी, बड़ियाँ, रंगमंच, रोटी, दाल*

(i) नीना ने सब बच्चों को —————— का खेल खेलने के लिए बुलाया।

(ii) मट्ठा चलाने की —————— लेकर अभिनय के साथ सरला —————— पर आती हैं।

(iii) माँ बच्चे को —————— देने का अभिनय करती है।

(iv) धुएँ की वजह से बच्चे —————— पोंछने लगते हैं।

(v) चुन्नू और टिंकू के दोस्त एक —————— में बैठ जाते हैं।

4 निम्नलिखित गद्यांश को पढ़कर पूछे गए प्रश्नों का उत्तर दीजिए।

दोनों आग जलाने, फूँक मारने और धुएँ की वजह से आए आँसू पोंछने का अभिनय करते हैं। फिर दाल और बड़ी पकाते हैं। कलछी से दाल चलाकर चखते हैं कि उँगली जल जाती है। उँगली जलने के अभिनय के साथ-साथ मुन्नी पास आकर इन्हें देखती है।

मुन्नी—   टिंकू ने पकाई बड़ियाँ,

चुन्नू ने पकाई दाल,

टिंकू की बड़ियाँ जल गईं,

चुन्नू का बुरा हाल।

(i) ऊपर दी गई पंक्तियों में किसका अभिनय किया जा रहा है?

____

(ii) खाने के लिए क्या-क्या पकाया गया है?

____

(iii) उँगली कैसे जल जाती है?

____

अतिलघु उत्तरीय प्रश्न

1 मुन्नी किसको पुकारती है?

2 सरला क्या काम करना पसंद करती है?

3 नीना क्या बन जाती है?

लघु उत्तरीय प्रश्न

1 नीना, चुन्नू और टिंकू से क्या काम करवाना चाहती है और क्यों?

2 सरला क्यों चिल्लाती है?

3 चुन्नू की पीठ क्यों दु:ख रही थी?

4 बच्चे बिल्ली को कहाँ–कहाँ ढूँढ़ते हैं और बिल्ली किसे मिलती है?

दीर्घ उत्तरीय प्रश्न

1 बिल्ली क्या करती है? वह क्या–क्या खा जाती है?

2 क्या बच्चे बिल्ली को पकड़ लेते हैं? वह बिल्ली को पकड़ने के लिए क्या तरकीब अपनाते हैं?

भाषा आधारित प्रश्न

1 स्तंभ 'अ' का स्तंभ 'ब' से मिलान करके सही जोड़े बनाइए।

स्तंभ 'अ'	स्तंभ 'ब'
(i) आधी	(क) स्वाद
(ii) करारी	(ख) हाल
(iii) खट्टा	(ग) रात
(iv) बढ़िया	(घ) भूख
(v) बुरा	(ङ) मट्ठा

2 निम्नलिखित शब्दों के विलोम शब्द लिखिए।

(i) रोना _______________ (ii) दु:ख _______________

(iii) पास _______________ (iv) एक _______________

(v) खट्टा _______________ (vi) देना _______________

3 समान तुक वाले शब्दों को छाँटकर लिखिए।

(i) जलाओ _______________ (ii) पकाएँ _______________

(iii) दाल _______________ (iv) भाई _______________

(v) चोर _______________ (vi) रात _______________

4 निम्नलिखित शब्दों के अर्थ लिखिए।

(i) अचानक _______________ (ii) अभिनय _______________

(iii) तरकारी _______________ (iv) बढ़िया _______________

(v) आश्चर्य _______________ (vi) प्रयत्न _______________

पाठ के आस-पास

1 निम्नलिखित खाने की वस्तुओं का सही जोड़ा बनाकर लिखिए।

(i) दाल   (क) सरसों का साग _______________

(ii) इडली   (ख) भात _______________

(iii) मक्के की रोटी   (ग) डोसा _______________

अध्याय 11

पढ़क्कू की सूझ

रामधारी सिंह दिनकर

पाठ आधारित प्रश्न

1 उचित विकल्प पर सही (✓) का निशान लगाइए।

(i) निम्न में से पढ़क्कू की विशेषता कौन–सी है?

(क) बुद्धू ☐　　　　(ख) मंदबुद्धि ☐

(ग) तेज़ ☐　　　　(घ) होशियार ☐

(ii) पढ़क्कू क्या पढ़ते थे?

(क) तर्कशास्त्र ☐　　　　(ख) दर्शनशास्त्र ☐

(ग) अर्थशास्त्र ☐　　　　(घ) विज्ञान ☐

(iii) पढ़क्कू, मालिक के बारे में सोचते रहे कि वह

(क) गजब है ☐　　　　(ख) पढ़ाकू है ☐

(ग) लड़ाकू है ☐　　　　(घ) अकड़ू है ☐

(iv) बैल की गर्दन में क्या बँधी हुई थी?

(क) घंटी ☐　　　　(ख) रस्सी ☐

(ग) घड़ी ☐　　　　(घ) कुछ नहीं ☐

2 सही कथन के सामने सही (✓) तथा गलत कथन के सामने गलत (✗) का निशान लगाइए।

(i) पढ़क्कू हमेशा नई–नई बातें गढ़ते थे। ☐

(ii) जब तक बैल की घंटी बजती रहती थी, मालिक निश्चिंत रहता था। ☐

(iii) पढ़क्कू की बातें सुनकर मालिक उससे प्रभावित हो जाता है। ☐

(iv) बैल ने तर्कशास्त्र पढ़ रखा था। ☐

3 निम्नलिखित कविता की पंक्तियों को पढ़कर पूछे गए प्रश्नों के उत्तर दीजिए।

कई दिनों तक रहे सोचते, मालिक बड़ा गज़ब है?
सिखा बैल को रक्खा इसने, निश्चय कोई ढब है।
आखिर, एक रोज़ मालिक से पूछा उसने ऐसे,
''अजी, बिना देखे, लेते तुम जान भेद यह कैसे?
कोल्हू का यह बैल तुम्हारा चलता या अड़ता है?
रहता है घूमता, खड़ा हो या पागुर करता है?''

(i) पढ़क्कू के अनुसार मालिक ने बैल को क्या सिखा रखा था?

(ii) पढ़क्कू ने मालिक से क्या पूछा?

(iii) 'पागुर' शब्द का अर्थ बताइए।

(iv) 'कोल्हू का बैल' मुहावरे का वाक्य में प्रयोग कीजिए।

अतिलघु उत्तरीय प्रश्न

1 पढ़क्कू, जहाँ कोई बात न होती वहाँ भी क्या करते थे?

2 एक रोज़ फ़िक्र में कौन पड़ गया?

3 जब बैल के गले में बँधी घंटी नहीं बजती थी तब मालिक क्या करता था?

4 मालिक ने पढ़क्कू को कहाँ पर ज्ञान फैलाने के लिए कहा?

लघु उत्तरीय प्रश्न

1 पढ़क्कू क्या बात नहीं समझ पाया?

2 बैल के गर्दन में घंटी बाँधने का क्या कारण था?

3 पढ़क्कू ने मालिक को बेवकूफ़ क्यों कहा?

दीर्घ उत्तरीय प्रश्न

1 मालिक कैसे जान लेता है कि बैल घूम रहा है या नहीं?

2 मालिक ने पढ़क्कू के प्रश्न का क्या उत्तर दिया?

3 बताइए कि पढ़क्कू कैसा है? उसकी दो विशेषताएँ लिखिए।

(i)

(ii)

भाषा आधारित प्रश्न

1 निम्नलिखित शब्दों के वाक्य बनाइए।

(i) फ़िक्र

(ii) गज़ब

(iii) ढब

(iv) पागुर

2 नीचे दिए गए शब्दों के अर्थ अक्षर जाल में खोजिए।

गढ़ना, फ़िक्र, गज़ब, मंतिख, पागुर

ब	ना	ना	प	र
क	म	ल	र	त
क	मा	ल	वा	र्क
जु	गा	ली	ह	शा
प	स	न	त	स्त्र

3 निम्नलिखित वाक्यांशों के लिए एक शब्द लिखिए।

(i) बहुत अधिक पढ़ने वाला ＿＿＿＿＿＿

(ii) भगवान को मानने वाला ＿＿＿＿＿＿

(iii) कभी न मरने वाला ＿＿＿＿＿＿

(iv) कभी बूढ़ा न होने वाला ＿＿＿＿＿＿

4 नीचे कुछ शब्द दिए गए हैं, जिनमें अनुस्वार (ं) और चंद्रबिंदु (अनुनासिक) (ँ) लगाना छूट गया है। उचित स्थान पर उनका प्रयोग कर शब्दों को पुन: लिखिए।

(i) इसमे ＿＿＿＿＿＿   (ii) पूछ ＿＿＿＿＿＿

(iii) मतिख ＿＿＿＿＿＿   (iv) घटी ＿＿＿＿＿＿

(v) बूद ＿＿＿＿＿＿   (vi) साझ ＿＿＿＿＿＿

(vii) हसा ＿＿＿＿＿＿   (viii) यहा ＿＿＿＿＿＿

पाठ के आस-पास

1 बैल से लिए जाने वाले कार्यों का वर्णन कीजिए।

＿＿＿＿＿＿＿＿＿＿＿＿＿＿＿＿＿＿＿＿＿＿＿＿＿＿＿＿＿＿＿＿＿＿

＿＿＿＿＿＿＿＿＿＿＿＿＿＿＿＿＿＿＿＿＿＿＿＿＿＿＿＿＿＿＿＿＿＿

＿＿＿＿＿＿＿＿＿＿＿＿＿＿＿＿＿＿＿＿＿＿＿＿＿＿＿＿＿＿＿＿＿＿

2 जुगाली करने वाले पाँच पशुओं के नाम लिखिए।

＿＿＿＿＿＿＿＿　＿＿＿＿＿＿＿＿　＿＿＿＿＿＿＿＿　＿＿＿＿＿＿＿＿

अध्याय 12

सुनीता की पहिया कुर्सी

पाठ आधारित प्रश्न

1 उचित विकल्प पर सही (✓) का निशान लगाइए।

(i) सुनीता कितने बजे सोकर उठी?

(क) सात बजे ☐   (ख) आठ बजे ☐

(ग) नौ बजे ☐   (घ) पाँच बजे ☐

(ii) सुनीता को अकेले कहाँ जाना था?

(क) स्कूल ☐   (ख) खेलने ☐

(ग) बाज़ार ☐   (घ) अस्पताल ☐

(iii) अचार की बोतल कहाँ रखी हुई थी?

(क) मेज़ पर ☐   (ख) अलमारी में ☐

(ग) रसोइघर में ☐   (घ) स्कूल पर ☐

(iv) सुनीता की माँ ने सुनीता से क्या मँगवाया?

(क) चीनी ☐   (ख) दाल ☐

(ग) दूध ☐   (घ) सब्ज़ी ☐

(v) सड़क पार करते समय सुनीता को कौन दिखाई दिया?

(क) फ़रीदा ☐   (ख) अमित ☐

(ग) छोटी लड़की ☐   (घ) ये सभी ☐

2 सही कथन के सामने सही (✓) तथा गलत कथन के सामने गलत (✗) का निशान लगाइए।

(i) सुनीता चलने–फिरने के लिए पहिया कुर्सी की मदद लेती थी। ☐

(ii) रोज़ाना के कामों को पूरा करने के लिए सुनीता स्वयं ही कई तरीके ढूँढ़ निकालती थी। ☐

(iii) सुनीता को सड़क की ज़िंदगी देखना बिल्कुल अच्छा नहीं लगता था।

(iv) अमित को सब छोटू-छोटू बुलाकर चिढ़ा रहे थे।

(v) फ़रीदा की माँ का व्यवहार सुनीता को अच्छा लगा।

3 बॉक्स में दिए गए शब्दों से रिक्त स्थानों की पूर्ति करते हुए वाक्यों को पूरा कीजिए।

> धीरे-धीरे, व्यवहार, थैला, अलमारी, मुस्कुरा, फुर्ती से, कुर्सी, नहा-धोकर, गोदी, परवाह

(i) सुनीता आज सभी काम ———————— से निपटाना चाहती थी।

(ii) आठ बजे तक सुनीता ———————— तैयार हो गई।

(iii) रास्ते में कई लोग सुनीता को देखकर ———————— रहे थे।

(iv) उसे फ़रीदा की माँ का ———————— समझ में नहीं आया।

(v) दुकानदार ने थैली उसकी ———————— में रख दी।

(vi) लोगों ने उन्हें घूरा, परंतु अब सुनीता को उनकी ———————— नहीं थी।

4 निम्नलिखित गद्यांश को पढ़कर पूछे गए प्रश्नों के उत्तर दीजिए।

सुनीता को एक लड़का दिखा। उस बच्चे को बहुत सारे बच्चे 'छोटू-छोटू' बुलाकर चिढ़ा रहे थे। उस लड़के का कद बाकी बच्चों से बहुत छोटा था। सुनीता को यह सब बिल्कुल अच्छा नहीं लगा। रास्ते में कई लोग सुनीता को देखकर मुस्कुराए, जबकि वह उन्हें जानती तक नहीं थी। पहले तो वह मन ही मन खुश हुई, परंतु फिर सोचने लगी, "ये सब लोग मेरी तरफ़ भला इस तरह क्यों देख रहे हैं?"

(i) लड़के को सारे बच्चे क्यों चिढ़ा रहे थे?

(ii) क्या सुनीता को बच्चों का लड़के को चिढ़ाना अच्छा लगा?

(iii) रास्ते में सुनीता को देखकर लोग क्या करने लगे?

(iv) 'मुस्कुराना' शब्द का विलोम लिखिए।

अतिलघु उत्तरीय प्रश्न

1 बाज़ार जाने के लिए सुनीता ने अपनी माँ से क्या लिया?

2 दुकान में घुसने के लिए सुनीता को कहाँ पर चढ़ना था?

3 लोगों के व्यवहार को देखकर सुनीता ने अपने आप को कैसी लड़की कहा?

लघु उत्तरीय प्रश्न

1 सुनीता के लिए कौन-कौन से काम करने कठिन थे?

2 बाज़ार जाते हुए, सुनीता ने बच्चों को कौन-कौन से खेल खेलते देखा?

3 सुनीता को देखकर लोग क्यों मुस्कुरा रहे थे?

4 रास्ते में मिली फ़रीदा ने सुनीता से क्या प्रश्न पूछा?

दीर्घ उत्तरीय प्रश्न

1 फ़रीदा की माँ ने फ़रीदा को सुनीता से दूर क्यों हटा दिया?

2 सुनीता को दुकानदार का व्यवहार अच्छा नहीं लगा, क्यों?

3 "पर तुम इस पर क्यों बैठती हो?"— अमित के इस प्रश्न के जवाब में सुनीता ने क्या कहा?

भाषा आधारित प्रश्न

1 निम्नलिखित शब्दों के अर्थ लिखिए और वाक्य भी बनाइए।

	अर्थ	वाक्य
(i) फुर्ती		
(ii) झोला		
(iii) टुकुर-टुकुर		
(iv) व्यवहार		
(v) अजीबो-गरीब		

2 सही शब्दों के आगे सही (✓) का निशान लगाइए।

(i) हालाँकी ☐   हालाँकि ☐   (ii) तरीके ☐   तरिके ☐

(iii) नाश्ता ☐   नाशता ☐   (iv) मुसकराते ☐   मुस्कुराते ☐

(v) वापस ☐   वापिस ☐   (vi) दोबारा ☐   दुबारा ☐

3 निम्नलिखित में से कुछ शब्द संज्ञा हैं और कुछ विशेषण। इन्हें छाँटकर तालिका में उचित शीर्षक के अंतर्गत लिखिए।

सुनीता, चमक, बिस्तर, बाज़ार, अकेले, पलंग, मदद, फुर्ती, अचार, मेज़, अजीब, सड़क, गुस्सा, लड़का, जल्दी, मुश्किल, तेज़ी।

संज्ञा शब्द	विशेषण शब्द

पाठ के आस-पास

1 आपको छुट्टी के दिन क्या-क्या करना अच्छा लगता है? अपने विचार लिखिए।

2 अगर आपकी कक्षा में भी कोई बच्चा शारीरिक रूप से कमज़ोर है, तो आप उसकी किस प्रकार सहायता करेंगे?

हुदहुद

1 उचित विकल्प पर सही (✓) का निशान लगाइए।

  (i) सुलेमान बादशाह किस कारण से परेशान हो रहे थे?

    (क) सर्दी से ☐   (ख) बरसात से ☐

    (ग) धूप से ☐   (घ) बीमारी से ☐

  (ii) निम्न में से हुदहुदों के मुखिया की विशेषता कौन-सी है?

    (क) चतुर ☐   (ख) मूर्ख ☐

    (ग) समझदार ☐   (घ) सीधा ☐

  (iii) निम्न में से कौन-सा शब्द हुदहुद पक्षी के लिए सबसे अधिक उपयुक्त है?

    (क) सुंदर ☐   (ख) कुरूप ☐

    (ग) अच्छा ☐   (घ) चालाक ☐

  (iv) हुदहुद के पंखों का रंग कैसा होता है?

    (क) सफ़ेद ☐   (ख) काला ☐

    (ग) रंग-बिरंगा ☐   (घ) भूरा ☐

  (v) हुदहुद की गर्दन का अगला हिस्सा किस रंग का होता है?

    (क) भूरा ☐   (ख) बादामी ☐

    (ग) सफ़ेद ☐   (घ) काला ☐

2 सही कथन के सामने सही (✓) तथा गलत कथन के सामने गलत (✗) का निशान लगाइए।

  (i) बादशाह ने गिद्धों से सहायता माँगी। ☐

  (ii) हुदहुदों ने बादशाह की सहायता करने से इनकार कर दिया। ☐

  (iii) सुलेमान ने हुदहुदों के मुखिया की प्रार्थना को अस्वीकार कर दिया। ☐

  (iv) हुदहुदों का वंश समाप्त हो गया है। ☐

  (v) हुदहुदों का सारा शरीर रंग-बिरंगा और चटकीला होता है। ☐

3 बॉक्स में से उचित शब्दों का चुनाव करके रिक्त स्थानों की पूर्ति कीजिए।

> *विचार, अकबर, गिद्धों, चतुर, सुलेमान, हुदहुदों, परामर्श, देश के, चार से दस,*
> *तीन से दस, पाए जाते, परामर्श*

(i) बादशाह का नाम ———————— था।

(ii) मुखिया ने सभी ———————— को इकट्ठा किया।

(iii) मैंने खूब ———————— करके यह वर माँगा है।

(iv) हुदहुद हमारे ———————— सभी भागों में ———————— हैं।

(v) मादा हुदहुद ———————— तक अंडे देती है।

4 निम्नलिखित गद्यांश को पढ़कर पूछे गए प्रश्नों के उत्तर दीजिए।

हुदहुद एक बहुत ही सुंदर पक्षी है। इसके शरीर का सबसे सुंदर भाग इसके सिर की कलगी होती है। वैसे तो यह इसे समेटे रहता है। पर जैसे ही किसी तरह की आवाज़ होती है, यह चौकन्ना होकर परों को फैला लेता है। तब यह कलगी देखने में हू-ब-हू किसी सुंदर पंखों जैसी लगने लगती है।

(i) हुदहुद के शरीर का सबसे सुंदर भाग कौन-सा है?

(ii) आवाज़ सुनाई पड़ने पर हुदहुद क्या करता है?

(iii) इसकी कलगी कैसी दिखाई देती है?

(iv) 'हू-ब-हू' शब्द का अर्थ लिखिए।

अतिलघु उत्तरीय प्रश्न

1 बादशाह सुलेमान किस पर बैठकर जा रहे थे?

2 सुलेमान ने किस-किस से मदद माँगी?

3 हुदहुदों के मुखिया ने किससे परामर्श किया?

4 हुदहुद की चोटी किस रंग की होती है?

5 लोग किस प्रकार हुदहुदों के सिर पर लगी सोने की कलगी को इकट्ठा करने लगे?

लघु उत्तरीय प्रश्न

1 वंश समाप्त होने की बात सुनकर सुलेमान ने क्या कहा?

2 हुदहुदों की दुम कैसी दिखाई देती है?

3 हुदहुद की चोंच कैसी दिखाई देती है? वह अपनी चोंच का इस्तेमाल कैसे करते हैं?

4 हुदहुद को हजामिन चिड़िया क्यों कहा जाता है?

दीर्घ उत्तरीय प्रश्न

1 सुलेमान ने गिद्धों से क्या मदद माँगी और क्यों? गिद्धों ने मदद न करने के लिए क्या बहाना बनाया?

2 हुदहुदों के मुखिया ने बादशाह से क्या वरदान माँगा? वरदान माँगने के बाद हुदहुदों के मुखिया क्यों घबरा गए?

3 हुदहुद को किन-किन नामों से पुकारा जाता है और क्यों?

भाषा आधारित प्रश्न

1 निम्नलिखित शब्दों के अर्थ लिखिए।

(i) चतुर ________________

(ii) फौरन ________________

(iii) परामर्श ________________

(iv) चेतावनी ________________

(v) चौकन्ना ________________

(vi) दुम ________________

(vii) अवश्य ________________

(viii) कलगी ________________

(ix) मशहूर ________________

(x) वरदान ________________

2 समान अर्थ वाले शब्द पर सही (✓) का निशान लगाइए।

(i) आकाश —	बादल ☐	गगन ☐	घटा ☐
(ii) मदद —	सहायता ☐	परामर्श ☐	सलाह ☐
(iii) प्रसन्न —	दुःखी ☐	हँसी ☐	खुश ☐
(iv) पर —	पंख ☐	ऊपर ☐	नीचे ☐
(v) दूब —	तिनका ☐	घास ☐	पत्ता ☐
(vi) घर —	ग्रह ☐	गृह ☐	झोपड़ी ☐

पाठ के आस-पास

1 अगर आपको अपने जीवन में कोई सिद्ध पुरुष मिल जाए और प्रसन्न होकर आपको कुछ वरदान देना चाहे तो आप उनसे कौन से दो वरदान माँगेंगे? सोचकर उत्तर दीजिए।

____

____

2 आपको कौन-सा पक्षी अच्छा लगता है और क्यों? पाँच वाक्य लिखिए।

____

____

अध्याय 14

मुफ़्त ही मुफ़्त

ममता पण्ड्या

पाठ आधारित प्रश्न

1 उचित विकल्प पर सही (✓) का निशान लगाइए।

(i) भीखूभाई क्या खाना चाहते थे?

(क) आम ☐   (ख) संतरा ☐

(ग) नारियल ☐   (घ) पपीता ☐

(ii) भीखूभाई कैसे व्यक्ति थे?

(क) कंजूस ☐   (ख) दानी ☐

(ग) बहादुर ☐   (घ) मूर्ख ☐

(iii) मंडी में क्या फैला हुआ था?

(क) कोलाहल ☐   (ख) नारियल ☐

(ग) रूमाल ☐   (घ) छड़ी ☐

(iv) सागर के किनारे कौन बैठा था?

(क) नाव वाला ☐   (ख) मछली पकड़ने वाला ☐

(ग) मज़दूर ☐   (घ) गोताखोर ☐

2 सही कथन के सामने सही (✓) तथा गलत कथन के सामने गलत (✗) का निशान लगाइए।

(i) भीखूभाई बरगद के वृक्ष के नीचे जाकर बैठ गए। ☐

(ii) भीखूभाई ने एक रुपए में नारियल खरीदा। ☐

(iii) मंडी में व्यापारियों की ऊँची-ऊँची आवाज़ें गूँज रही थीं। ☐

(iv) नाव वाले ने भीखूभाई को बहुत अच्छे नारियल दिए। ☐

3 बॉक्स में से उचित शब्दों का चुनाव करके रिक्त स्थानों की पूर्ति कीजिए।

> *नारियल, फिसल गया, चटकारा, टहनी, कमर, खुल गई, सिर, गर्दन, खराब है, तने*

(i) नारियल के बारे में सोचते हुए भीखूभाई ने अपने होठों को ——————।

(ii) भीखूभाई ने सोचा मेरी तो किस्मत ——————।

(iii) भीखूभाई —————— और —————— के बीच आराम से बैठ गए।

(iv) पत्ते खाने के लालच में ऊँट ने —————— झुकाई और अपनी जगह से हट गया।

(v) ऊँटवाला ऊँट की पीठ से ——————।

4 निम्नलिखित गद्यांश को पढ़कर पूछे गए प्रश्नों के उत्तर लिखिए।

भीखूभाई नारियल के बगीचे में पहुँच गए। वहाँ के माली को देखकर उससे पूछा, ''यह नारियल कितने में बेचोगे?'' माली ने जवाब दिया, ''जो पसंद आए ले जाओ, बस पच्चीस पैसे का एक। देखो, कितने बड़े-बड़े हैं।'' ''हे भगवान! पच्चीस पैसे ! पूरा रास्ता पैदल आने के बाद भी! जूते घिस गए, पैर थक गए और अब पैसे भी देने पड़ेंगे। मेरी बात मानो एक नारियल मुफ्त में दे दो, हाँ। देखो, मैं कितना थक गया हूँ।''

(i) भीखूभाई आखिर कहाँ पहुँच गए और वहाँ उन्होंने किसे देखा?

(ii) माली ने नारियल का दाम कितना बताया?

(iii) भीखूभाई की दशा कैसी हो गई थी?

(iv) भीखूभाई कितने का नारियल खरीदना चाहते थे?

(v) निम्नलिखित के विलोम शब्द लिखिए।

(क) जवाब —————— (ख) पसंद ——————

अतिलघु उत्तरीय प्रश्न

1 भीखूभाई के अनुसार नारियल का स्वाद कैसा होगा?

2 नारियल खरीदने के लिए भीखूभाई कहाँ गए?

3 मंडी में नारियल वाले ने भीखूभाई को कहाँ से नारियल खरीदने के लिए कहा?

4 सबसे सस्ते नारियल भीखूभाई को कहाँ मिल सकते थे?

लघु उत्तरीय प्रश्न

1 भीखूभाई के सामने क्या-क्या समस्याएँ थीं?

2 भीखूभाई ने बाज़ार जाने के लिए क्या तैयारी की?

3 भीखूभाई की सहायता करने के लिए कौन-कौन आया?

4 माली ने भीखूभाई को क्या सलाह दी?

5 भीखूभाई का सिर क्यों चकरा गया?

दीर्घ उत्तरीय प्रश्न

1 भीखूभाई सस्ते से सस्ता नारियल खरीदने किन-किन स्थानों पर गए और वहाँ उनके साथ क्या-क्या हुआ? वर्णन कीजिए।

2 ऊँट पर सवार व्यक्ति ने भीखूभाई की मदद कैसे की? क्या वह अपने प्रयासों में सफल हुआ?

3 ऊँटवाले और घुड़सवार द्वारा भीखूभाई से किए वायदे क्या थे? इन वायदों की बातों को सुनकर भीखूभाई ने क्या किया?

भाषा आधारित प्रश्न

1 निम्नलिखित शब्दों के अर्थ लिखकर अपने वाक्यों में प्रयोग कीजिए।

शब्द	अर्थ	वाक्य
(i) समस्या		
(ii) ललचाया		
(iii) कोलाहल		
(iv) फुर्ती		

2 रेखांकित सर्वनाम शब्द किस संज्ञा शब्द के स्थान पर आए हैं?

(i) <u>वे</u> सीधे खेत में बूढ़े बरगद के नीचे जाकर बैठ गए।

(ii) सिर्फ़ एक रुपया, काका, <u>उसने</u> जवाब दिया।

(iii) <u>मेरे</u> साथ कोई सौदा-वौदा नहीं चलेगा।

(iv) पैसे तो <u>मेरी</u> मेहनत के हैं।

(v) बस, <u>वह</u> आदमी ऊँट की पीठ से फिसल गया।

3 निम्नलिखित शब्दों के लिंग बदलिए।

(i) काका   (ii) पति   (iii) माली

(iv) माता   (v) ऊँट   (vi) घोड़ा

पाठ के आस-पास

1 जल्दी-जल्दी में एक ही शब्द दो बार आया है। जब कोई शब्द दोबारा आता है, तो उसे 'पुनरुक्त शब्द' कहते हैं। पाठ में ऐसे बहुत से शब्द आए हैं, उन्हें छाँटकर लिखिए।

2 कहानी को पढ़कर आपको भीखूभाई के चरित्र की किन विशेषताओं के बारे में पता चला?

अध्याय 1

भाषा, वर्ण और शब्द

1 सही विकल्प पर सही (✓) का निशान लगाइए।

(i) हिंदी भाषा की लिपि कौन-सी है?

(क) रोमन ☐   (ख) फारसी ☐   (ग) देवनागरी ☐   (घ) गुरुमुखी ☐

(ii) भारत की राजभाषा है।

(क) उर्दू ☐   (ख) पंजाबी ☐   (ग) अंग्रेज़ी ☐   (घ) हिंदी ☐

(iii) हिंदी में स्वरों की संख्या कितनी होती है?

(क) बारह ☐   (ख) ग्यारह ☐   (ग) दस ☐   (घ) आठ ☐

(iv) किस स्वर में कोई भी मात्रा नहीं होती?

(क) आ में ☐   (ख) उ में ☐   (ग) इ में ☐   (घ) अ में ☐

2 निम्नलिखित वर्ण-विच्छेद को मिलाकर शब्द बनाइए।

(i) स् + अ + ह् + अ + स् + आ = —————

(ii) भ् + आ + ष् + आ = —————

(iii) स् + आ + ग् + अ + र् + अ = —————

(iv) द् + ए + ख् + अ + न् + आ = —————

(v) भ् + आ + र् + अ + त् + अ = —————

(vi) क् + आ + ट् + अ + न् + आ = —————

3 निम्नलिखित शब्दों का वर्ण-विच्छेद करके लिखिए।

(i) कलम —————

(ii) पानी —————

(iii) मधुर   —————————

(iv) आकाश   —————————

(v) बादल   —————————

4 मात्रा वाले वर्ण से मिलान कीजिए।

(क)	क् + ऊ	(i)	ढा
(ख)	श् + ऋ	(ii)	कू
(ग)	ढ् + आ	(iii)	जै
(घ)	ह + ई	(iv)	शृ
(ङ)	ज् + ऐ	(v)	ही

5 नीचे दिए गए निरर्थक शब्दों को उनके सार्थक शब्द से मिलाइए।

(क)	हाचू	(i)	लड़का
(ख)	पूबा	(ii)	शिमला
(ग)	मलाशि	(iii)	किताब
(घ)	कालड़	(iv)	बापू
(ङ)	बताकि	(v)	चूहा

6 निम्नलिखित को निर्देशानुसार छाँटकर लिखिए।

(i) मौखिक भाषा और लिखित भाषा के रूपों को अलग-अलग लिखिए।

भाषण देना, कहानी लिखना, समाचार-पत्र लिखना, बातचीत करना, गाना गाना, चित्र बनाना, डाँटना, कविता लिखना।

मौखिक भाषा	लिखित भाषा
—————————	—————————
—————————	—————————
—————————	—————————

(ii) मात्रा वाले शब्दों और बिना मात्रा वाले शब्दों को अलग-अलग लिखिए।

कटहल, चमाचम, दमकल, कमाल, नल, वीर, गुरु, अचकन

मात्रा वाले शब्द	बिना मात्रा वाले शब्द
—————————	—————————
—————————	—————————
—————————	—————————

(iii) सार्थक शब्दों और निरर्थक शब्दों को अलग-अलग लिखिए।

भाषा, ध्वनि, प्रटक, हानीक, कुम्हार, कारीरस, रेलगाड़ी, हमूस

सार्थक शब्द   निरर्थक शब्द

__________________________ __________________________

__________________________ __________________________

__________________________ __________________________

7 सार्थक शब्द बनाइए।

(i) अनुस्वार (ं) अथवा चंद्रबिंदु (अनुनासिक) (ँ) लगाकर

पलग ————	ग्रथ ————	आगन ————	सुदरता ————
माग ————	गगा ————	ऊचा ————	सुगध ————

(ii) मात्रा लगाकर

अंगर ————	ध्वन ————	दव ————	बघ ————
सइकल ————	स्थन ————	हमर ————	वस्त ————

(iii) वर्णों को व्यवस्थित करके

गरअज ————	तवाद ————	तलबो ————	हबसा ————
थरशद ————	नकाम ————	नीरा ————	लदबा ————

8 निम्नलिखित शब्दों के तद्भव रूप लिखिए।

(i) आश्रय ————————

(ii) उच्च ————————

(iii) आम्र ————————

(iv) उलूक ————————

(v) गृह ————————

9 निम्नलिखित शब्दों के तत्सम रूप लिखिए।

(i) किसान ————————

(ii) जनम ————————

(iii) गाय ————————

(iv) नैन ————————

(v) धरम ————————

संज्ञा

1 सही विकल्प पर सही (✓) का निशान लगाइए।

(i) 'स्थान' से किस संज्ञा का बोध होता है

(क) व्यक्तिवाचक ☐ (ख) द्रव्यवाचक ☐

(ग) भाववाचक ☐ (घ) जातिवाचक ☐

(ii) भाववाचक संज्ञा है

(क) पवित्रता ☐ (ख) अहमद ☐

(ग) पशु ☐ (घ) चोटी ☐

(iii) व्यक्तिवाचक संज्ञा है

(क) शेर ☐ (ख) सादगी ☐

(ग) रामचरितमानस ☐ (घ) छात्र ☐

(iv) जातिवाचक संज्ञा है

(क) गंगा ☐ (ख) कानपुर ☐

(ग) डर ☐ (घ) सड़क ☐

(v) दिल्ली उदाहरण है

(क) जातिवाचक संज्ञा ☐ (ख) व्यक्तिवाचक संज्ञा ☐

(ग) भाववाचक संज्ञा ☐ (घ) स्थानवाचक संज्ञा ☐

(vi) गरीबी उदाहरण है

(क) भाववाचक संज्ञा ☐ (ख) ऊँचाईवाचक संज्ञा ☐

(ग) व्यक्तिवाचक संज्ञा ☐ (घ) जातिवाचक संज्ञा ☐

(vii) गिलहरी उदाहरण है

(क) प्राणीवाचक संज्ञा ☐ (ख) व्यक्तिवाचक संज्ञा ☐

(ग) भाववाचक संज्ञा ☐ (घ) जातिवाचक संज्ञा ☐

2 नीचे दिए गए जाति वाचक संज्ञा शब्दों से भाववाचक संज्ञा बनाइए।

जातिवाचक संज्ञा	भाववाचक संज्ञा
(क) शत्रु	
(ख) मित्र	
(ग) देव	
(घ) दास	
(ङ) पशु	

3 निर्देशानुसार शब्दों को छाँटकर लिखिए।

(i) संज्ञा शब्दों को

हमारा, कभी, कक्षा, मोहन, यद्यपि, अच्छाई, ठेला, तुम।

(ii) व्यक्तिवाचक संज्ञा शब्दों को

माउंट एवरेस्ट, तूफ़ान, पेड़, मद्रास, कोमल, साँप, कोयला, भगत सिंह।

(iii) जातिवाचक संज्ञा शब्दों को

कृष्ण, गाय, शिक्षक, दैनिक जागरण, गाँव, प्रेम, आम।

(iv) भाववाचक संज्ञा शब्दों को

आज्ञा, घी, अनवर, पागलपन, आदमी, सुगंध, भवानी टोला, लड़ाई।

4 संज्ञा भेद पहचानकर उनके नाम लिखिए।

(i) अंगूर   (ii) शहर

(iii) अकेलापन   (iv) सरस्वती

(v) नाव   (vi) बलिदान

(vii) गुलजार बाग   (viii) शांति

(ix) कालिदास   (x) कुरान

5 निर्देशानुसार रेखांकित कीजिए।

(i) निम्नलिखित वाक्यों में संज्ञा शब्दों को रेखांकित कीजिए।

- आकाश स्वच्छ है।
- हॉकी भारत का राष्ट्रीय खेल है।
- लता मंगेशकर महान गायिका है।
- ताजमहल का निर्माण शाहजहाँ ने करवाया था।
- हम डॉ. राधाकृष्णन का जन्मदिन शिक्षक दिवस के रूप में मनाते हैं।
- एकलव्य स्वयं को द्रोणाचार्य का शिष्य मानता था।
- मेरे विद्यालय में कुल 24 कक्षाएँ हैं।
- हमें बुरी आदतों से बचना चाहिए।

(ii) निम्नलिखित वाक्यों में से व्यक्तिवाचक संज्ञा शब्दों को रेखांकित कीजिए।

- दशहरे का त्योहार देशभर में मनाया जाता है।
- बराक हुसैन ओबामा अमेरिका के राष्ट्रपति हैं।
- राणा प्रताप के घोड़े का नाम चेतक था।
- लालकिला देश की राजधानी दिल्ली में स्थित है।
- सचिन तेंदुलकर का नाम महान् संगीतकार सचिन देव बर्मन के नाम पर रखा गया है।

6 निम्नलिखित अनुच्छेद में संज्ञा शब्दों की पहचान कर उन्हें उनके भेदों के आधार पर अलग-अलग छाँटिए।

रमा कक्षा चार की छात्रा है। उसका विद्यालय मोहन नगर में है। वह प्रतिदिन बस से विद्यालय जाती है। वह खूब मेहनत और लगन से पढ़ती है। प्रेम, सच्चाई और ईमानदारी में विश्वास रखती है। उसकी मधु से खूब दोस्ती है। निवेदिता रमा की वर्ग शिक्षिका है। उनका घर गंगा के निकट है।

व्यक्तिवाचक संज्ञा	जातिवाचक संज्ञा	भाववाचक संज्ञा

7 कोष्ठक में दिए गए सही भाववाचक संज्ञा शब्दों का प्रयोग कर वाक्य पूरे कीजिए।

(i) सेब में —————— है। (मिठास/मिठाई)

(ii) हमें किसी की —————— नहीं करनी चाहिए। (बुरापन/बुराई)

(iii) पुत्र से माँ का —————— देखा नहीं जाता। (दुःख/दुखी)

अध्याय 3

लिंग और वचन

लिंग

1 सही विकल्प पर सही (✓) का निशान लगाइए।

  (i) इनमें से स्त्रीलिंग शब्द नहीं है

    (क) केला ☐   (ख) आरी ☐

    (ग) घाटी ☐   (घ) अंग्रेज़ी ☐

  (ii) इनमें से पुल्लिंग शब्द है

    (क) मगही ☐   (ख) नौकरानी ☐

    (ग) मथुरा ☐   (घ) लेखिका ☐

  (iii) इनमें से पुल्लिंग शब्द नहीं है

    (क) कमीज़ ☐   (ख) मंगल ☐

    (ग) दूध ☐   (घ) अमरूद ☐

  (iv) पंडित का सही स्त्रीलिंग रूप होगा

    (क) पंडिता ☐   (ख) पंडितिनी ☐

    (ग) पंडितनी ☐   (घ) पंडिताइन ☐

  (v) नर्तकी का सही पुल्लिंग रूप होगा

    (क) नर्तका ☐   (ख) नर्तक ☐

    (ग) नर्तकार ☐   (घ) नर्ता ☐

  (vi) अभिनेता का सही स्त्रीलिंग रूप होगा

    (क) अभिनेती ☐   (ख) अभिनाति ☐

    (ग) अभिनेत्री ☐   (ख) अभिनेतनी ☐

  (vii) कवि का सही स्त्रीलिंग रूप होगा

    (क) कवयित्री ☐   (ख) कवित्री ☐

    (ग) कवियत्री ☐   (घ) कविगण ☐

2 कोष्ठक में दिए गए शब्दों में से उचित शब्द का प्रयोग कर रिक्त स्थान भरिए।

(i) सविता ने ———————— खरीदी।   (कुर्सी/ताला)

(ii) शिक्षक ने ———————— पढ़ाया   (कविता/पाठ)

(iii) उसने ———————— तोड़ दी।   (मोती/माला)

(iv) ———————— कितने की है?   (कुर्ता/शर्ट)

(v) यह ———————— छोटी है।   (कमरा/कक्षा)

(vi) आगे गहरी ———————— है।   (खाई/गड्ढा)

(vii) ———————— धीरे-धीरे बढ़ रहा है।   (लता/पौधा)

(viii) पुराने ———————— को सँभालकर रखो।   (सामान/वस्तु)

3 दिए गए निर्देशानुसार शब्दों के लिंग बदलिए।

(i) पुल्लिंग से स्त्रीलिंग

बाघ ————————   छात्र ————————

कबूतर ————————   माली ————————

चिड़ा ————————   शिक्षक ————————

ऊँट ————————   सेवक ————————

(ii) स्त्रीलिंग से पुल्लिंग

घोड़ी ————————   लेखिका ————————

हथिनी ————————   पाठिका ————————

हंसिनी ————————   ग्वालिन ————————

सिंहनी ————————   सेठानी ————————

4 रेखांकित शब्दों के लिंग बदलकर वाक्यों को फिर से लिखिए

(i) आज मेरा <u>भाई</u> आने वाला है।

————————————————————————————————

(ii) <u>बालक</u> खेल रहा है।

————————————————————————————————

(iii) <u>बंदर</u> नाच दिखा रहा है।

____

(iv) <u>चूहा</u> बिल में छिपा है।

____

(v) <u>माता जी</u> पूजा कर रही हैं।

____

वचन

1 निम्नलिखित शब्दों के निर्देशानुसार वचन बदलिए।

(i) एकवचन से बहुवचन

लड़का	__________	वृक्ष	__________
घोड़ा	__________	फल	__________
शेर	__________	गेंद	__________
चीता	__________	कॉपी	__________

(ii) बहुवचन से एकवचन

कमरे	__________	ठठेरे	__________
कक्षाएँ	__________	प्रतिमाएँ	__________
युवतियाँ	__________	किरणें	__________
आँखें	__________	सड़कें	__________

2 दिए गए संकेतों की सहायता से उचित वचन का प्रयोग करते हुए वाक्य पूरे कीजिए।

> बादल, भाषा, बाघ, घड़ी, तितली, शीशा, चिट्ठी, नदी

(i) __________ वन में दहाड़ रहे हैं। (ii) आकाश में __________ छाए हुए हैं।

(iii) भारत में अनेक __________ बोली जाती हैं। (iv) रंग-बिरंगी __________ उड़ रही हैं।

(v) खिड़कियों में __________ लगे हैं। (vi) __________ कलकल करके बह रही हैं।

(vii) डाक से __________ आई हैं। (viii) तीनों __________ सही समय बता रही हैं।

अध्याय 4

सर्वनाम

1 नीचे संकेत रूप में सर्वनाम शब्दों का समूह दिया जा रहा है। उसकी सहायता से दी गई कहानी पूर्ण कीजिए।

> *उन्हें, उसे, उसकी, वह, वहाँ, कोई, सभी, उसको*

कल्लू भेड़ें चराया करता था। एक दिन (i) —————— एक शरारत सूझी। (ii) —————— भेड़िया आया, भेड़िया आया चिल्लाने लगा। (iii) —————— आवाज़ सुनकर गाँव वाले वहाँ इकट्ठे हो गए। (iv) —————— खेत में आया देख कल्लू हँसने लगा। अब (v) —————— अकसर ऐसा ही करता था। दुर्भाग्यवश एक दिन (vi) —————— सचमुच में भेड़िया आ गया। उस दिन भी (vii) —————— पहले की तरह चिल्लाता रहा, मगर (viii) —————— बचाने कोई नहीं आया। सभी समझते रहे (ix) —————— तो यूँ ही झूठ बोलने की आदत पड़ गई है और भेड़िया (x) —————— मारकर खा गया।

2 उचित सर्वनाम शब्दों का प्रयोग करते हुए वाक्यों को फिर से लिखिए।

(i) मोहन चुपचाप है। पता नहीं आज मोहन क्यों दुःखी है?

____

(ii) आज लता जी का कार्यक्रम है। हम सब लता जी का गायन सुनने जाएँगे।

____

(iii) राधा कक्षा में प्रथम आई है। पाँच विषयों में राधा ने सबसे अधिक अंक पाए हैं।

____

(iv) गीता रोज पूजा करती है। गीता के घर से मंदिर पास ही है।

____

(v) कविता छुट्टी के दिन स्कूल आ गई। लगता है कविता को किसी ने कुछ नहीं बताया।

____

3 निम्नलिखित वाक्यों में रेखांकित किए गए पुरुषवाचक सर्वनामों के भेद लिखिए।

(i) <u>वह</u> आता ही होगा। ——————————

(ii) <u>आप</u> आज न जाइए। ——————————

(iii) <u>मेरी</u> बहन इसी विद्यालय में पढ़ती है। ——————————

(iv) <u>उन्हें</u> आने दो। ———————————————

(v) <u>मुझसे</u> न रूठो। ———————————————

4 कोष्ठक से उचित सर्वनामों को चुनकर रिक्त स्थान भरिए।

(i) ——————— किसकी गाड़ी है? (वे/वह)

(ii) सुन तो लो, आखिर सरला ——————— कहती है? (कौन/क्या)

(iii) ——————— देखो, ——————— परेशान दिखता है। (वही/जिसे)

(iv) मैं झूठ नहीं बोल रहा, ——————— से भी पूछ लो। (कोई/किसी)

(v) ——————— कैसी बातें हैं? (यह/ये)

5 सर्वनाम से संबंधित अशुद्धियों को दूर कर वाक्यों को फिर से लिखिए।

(i) यह मेरे वाहन है।

————————————————————————————————

(ii) क्या वह सब आने वाले हैं?

————————————————————————————————

(iii) जिसका लाठी उसका भैंस।

————————————————————————————————

(iv) जेब में कोई तो रख लो।

————————————————————————————————

(v) खाई देख वे घबरा गया।

————————————————————————————————

6 संज्ञा शब्दों के बदले उचित सर्वनाम शब्दों का प्रयोग करते हुए निम्नलिखित गद्यांश को फिर से लिखिए।

राम अयोध्या के राजा थे। राम के पिता राजा दशरथ थे। राम की पत्नी का नाम सीता था। सीता राजा जनक की पुत्री थी। सीता ने लव और कुश को जन्म दिया था। लव और कुश बड़े ही साहसी और होनहार बालक थे। लव और कुश महर्षि वाल्मीकि के शिष्य थे। लव और कुश का जन्म वाल्मीकि के ही आश्रम में हुआ था।

————————————————————————————————

————————————————————————————————

अध्याय 5

विशेषण

1 निम्नलिखित वाक्यों में विशेषण शब्दों पर गोला लगाइए।

(i) बाघ एक हिंसक पशु है।

(ii) राजा दशरथ के चार पुत्र थे।

(iii) लोकेश के घर में कई पौधे हैं।

(iv) कौवे की बोली कर्कश होती है।

(v) रोगी का स्वास्थ्य अच्छा है।

(vi) यह पिंजड़ा शेर का है।

(vii) बालक थोड़ा भोजन करके सो गया।

(viii) नीम के फल कड़वे होते हैं।

(ix) राम और श्याम में गाढ़ी मित्रता है।

(x) यह गोलू का सातवाँ जन्मदिवस है।

2 निम्नलिखित गद्यांश में विशेषण शब्दों को रेखांकित कीजिए।

लाल बहादुर शास्त्री देश के दूसरे प्रधानमंत्री थे। वे सादा जीवन, उच्च विचार में विश्वास रखते थे। उनके पिता शिक्षक थे। शास्त्री जी जब डेढ़ वर्ष के थे, उसी समय उनके पिता स्वर्गवासी हो गए। शास्त्री जी के घर की स्थिति अच्छी न थी। उन्होंने अनेक समस्याओं को झेलकर पढ़ाई पूरी की। उन पर गांधीजी का गहरा प्रभाव था। शास्त्री जी साहसी, निर्भीक एवं धैर्यवान नेता थे। उनका निधन उज़्बेकिस्तान में हुआ।

3 कोष्ठक में दिए गए शब्दों में से उचित विशेषण चुनकर रिक्त स्थान भरिए।

(i) शरीर में ———— छिद्र होते हैं। (अनगिनत/अगणित)

(ii) त्रिभुज ———— भुजाओं से घिरा होता है। (तीसरी/तीन)

(iii) गेंदें ———— होती हैं। (गोल/गोलीय)

(iv) बच्चे ———— होते हैं। (भोला/भोले)

(v) हिमालय सबसे ———— पर्वत है (ऊँचे/ऊँचा)

(vi) दीपक ———— कक्षा का विद्यार्थी है। (छठी/छठवीं)

4 निम्न वाक्यों में विशेषण शब्दों को मोटे आकार में दर्शाया गया है। सामने दिए गए कोष्ठकों में उनके भेद लिखिए।

(i) राजा **ऊँचे** सिंहासन पर बैठा है। (————————)

(ii) आज मौसम **सुहावना** है। (————————)

(iii) अखिल ने **दस रुपये** खर्च किए। (————————)

(iv) कलुआ का **बीमार** कुत्ता चल बसा। (   )

(v) रसोइए को **तीन पाव** सत्तू चाहिए। (   )

(vi) बंदर **इसी** डाल पर बैठा था। (   )

(vii) टोकरी में **कुछ** फल रखे हैं। (   )

(viii) **यह** पैसा किसका है? (   )

(ix) मेरी बहन **दूसरी** कक्षा की छात्रा है। (   )

(x) गमलों में **रंग–बिरंगे** फूल हैं। (   )

5 निम्नलिखित गद्यांश में से विशेषण शब्दों को छाँटिए और उन्हें उनके भेदों के आधार पर उचित वर्ग में रखिए।

इस अहाते में दस किले हैं। इनमें कई किले अति सुंदर हैं। उन किलों में राजमहल सबसे आलीशान है। उसके आकर्षक द्वार के दोनों ओर एक–एक द्वारपाल खड़ा है। द्वारपालों की लंबाई छ: फुट है। उन्होंने दाएँ हाथ में पाँच फुट लंबी तलवार पकड़ रखी है। वही पास में दो बड़े–बड़े घड़े रखे हैं। पहला घड़ा आधा मीटर कपड़े से ढका है। दूसरे घड़े के ऊपर चार मीटर कपड़ा लिपटा है। पहले घड़े में एक सेर अनाज है। दूसरे घड़े में चार लीटर पानी भरा हुआ है।

गुणवाचक विशेषण ____________________

संख्यावाचक विशेषण ____________________

परिमाणवाचक विशेषण ____________________

सार्वनामिक विशेषण ____________________

6 निम्नलिखित वाक्यों में से विशेष्य शब्दों को रेखांकित कीजिए।

(i) कोयल बहुत मीठा बोलती है।

(ii) राम अच्छा खिलाड़ी है।

(iii) आजकल रेलगाड़ी में बहुत भीड़ हो रही है।

(iv) कुत्ता वफ़ादार जानवर है।

(v) गांधीजी का व्यक्तित्व उच्च कोटि का था।

(vi) रोहन चतुर लड़का है।

(vii) शेर तेज़ दौड़ता है।

(viii) बिल्ली की आँखें भूरी हैं।

(ix) आसमान नीला है।

(x) वह कबूतर सफेद है।

अध्याय 6

क्रिया और क्रिया-विशेषण

(क) क्रिया

1 निम्नलिखित वाक्यों में प्रयोग किए गए क्रिया शब्दों के सही विकल्प पर सही (✓) का निशान लगाइए।

(i) गाय घास खाती है।

(क) गाय ☐　　(ख) घास ☐　　(ग) खाती है ☐

(ii) भालू नाच दिखाता है।

(क) नाच ☐　　(ख) दिखाता है ☐　　(ग) भालू ☐

(iii) सचिन ने शतक बनाए।

(क) सचिन ☐　　(ख) शतक ☐　　(ग) बनाए ☐

(iv) आँधी में पेड़ टूट गया।

(क) टूट गया ☐　　(ख) पेड़ ☐　　(ग) में ☐

(v) भारत में सभी धर्म के लोग रहते हैं।

(क) भारत में ☐　　(ख) के लोग ☐　　(ग) रहते हैं ☐

(vi) तोता अमरूद कुतर रहा है।

(क) तोता ☐　　(ख) कुतर रहा है ☐　　(ग) अमरूद ☐

(vii) कुत्ता अचानक भौंकने लगा।

(क) अचानक ☐　　(ख) भौंकने लगा ☐　　(ग) कुत्ता ☐

(viii) इंद्रधनुष में सात रंग होते हैं।

(क) होते हैं ☐　　(ख) में ☐　　(ग) सात ☐

(ix) जल्द ही बारिश होगी।

(क) जल्द ☐　　(ख) होगी ☐　　(ग) बारिश ☐

(x) दोनों मित्रों के दिल मिले हुए हैं।

(क) दोनों ☐　　(ख) दिल ☐　　(ग) मिले हुए हैं ☐

2 बाईं ओर दिए गए वाक्य के प्रत्येक अंश से दाईं ओर की उपयुक्त क्रिया का मिलान करके सार्थक वाक्य बनाइए।

स्तंभ 'अ'	स्तंभ 'ब'
(i) अध्यापिका कुर्सी पर	(क) चिंघाड़ा।
(ii) नल से पानी देर तक	(ख) नाच रहा है।
(iii) नानी कहानियाँ	(ग) मनाया।
(iv) वन में मोर	(घ) सुनाती रहीं।
(v) हाथी ज़ोर से	(ङ) बहता रहा।
(vi) हमने धूमधाम से स्वतंत्रता दिवस	(च) बैठ गईं।

3 कोष्ठक में दिए गए क्रिया शब्द के उचित रूप से वाक्य पूर्ण कीजिए।

(i) कछुआ धीरे —————— ।   (चलना)

(ii) मछली जल में —————— ।   (रहना)

(iii) आज वर्षा अवश्य —————— ।   (होना)

(iv) राजू के दाँत —————— ।   (चमकना)

(v) रजनी ने सुंदर–सा फ्रॉक —————— ।   (पहनना)

(vi) बच्चे शरारत —————— ।   (करना)

4 निम्नलिखित क्रियाओं में अकर्मक के आगे अकर्मक और सकर्मक के आगे सकर्मक लिखिए।

(i) जागना ——————   (ii) अपनाना ——————

(iii) चढ़ना ——————   (iv) बनाना ——————

(v) चबाना ——————   (vi) उगना ——————

(vii) सीना ——————   (viii) लेटना ——————

5 नीचे दिए गए प्रत्येक वाक्य में क्रिया को रेखांकित कर उसके अकर्मक अथवा सकर्मक होने का उल्लेख कीजिए।

(i) भिक्षुक भिक्षा माँगता है। ——————   क्रिया

(ii) चोर भाग रहा है। ——————   क्रिया

(iii) बच्चे पतंग उड़ाते हैं। ——————   क्रिया

(iv) बकरी दूध देती है। ————— क्रिया

(v) विद्यार्थियों ने परीक्षा दी। ————— क्रिया

(vi) हरी बत्ती होते ही गाड़ियाँ भागने लगीं। ————— क्रिया

(vii) दोनों रस्सियों को बाँध दो। ————— क्रिया

(viii) किसान ने खेत जोता। ————— क्रिया

(ख) क्रिया-विशेषण

6 नीचे दिए गए शब्द समूह में से उपयुक्त क्रिया-विशेषणों का प्रयोग कर रिक्त स्थान भरिए।

> *कम, रातभर, दूर, ज़रा, पर्याप्त, बिलकुल, तड़ातड़, दनादन, चुपचाप, अभी-अभी*

(i) ————— सुन तो लो।

(ii) ट्रेन ————— जा रही है।

(iii) उल्लू ————— जागता है।

(iv) बीमार व्यक्ति ————— खाता है।

(v) मोहन ————— आया है।

(vi) गोली ————— छूट रही है।

(vii) बिल्ली ————— बच गई।

(viii) सिपाही ने चोर को ————— पीटा।

(ix) उसके पास ————— धन है।

(x) वह ————— बैठा है।

7 निम्नलिखित वाक्यों में क्रिया-विशेषणों को रेखांकित कीजिए।

(i) केशव दफ़्तर में अचानक आ गया।

(ii) यह कार आगे नहीं जाएगी।

(iii) सोहन अधिक बोलता हैं।

(iv) घड़ी हाथों-हाथ बिक गई।

(v) पृथ्वी दिन-रात घूमती रहती है।

(vi) धूप ज़रूर निकलेगी।

(vii) केसर की खेती कहीं-कहीं होती है।

(viii) हल्ला न करो, धीरे बोलो।

(ix) वह सदा सत्य बोलता है।

(x) रोहन नित्य व्यायाम करता है।

अध्याय 7

वाक्य

1 नीचे बाईं ओर वाक्य के उद्देश्य और दाईं ओर विधेय दिए गए हैं। उनका उचित मिलान कर सार्थक वाक्य बनाइए।

स्तंभ 'अ'	स्तंभ 'ब'
(i) राजा	(क) आकाश में उड़ती है।
(ii) पतंग	(ख) छुट्टी का दिन होता है।
(iii) गुलाब	(ग) पवित्र नदी है।
(iv) भारत	(घ) विश्व के महान् बल्लेबाज हैं।
(v) गंगा	(ङ) ऋषियों का देश है।
(vi) रविवार	(च) चोर को पकड़ा।
(vii) सचिन तेंदुलकर	(छ) प्रजा की रखवाली करता है।
(viii) पुलिस ने	(ज) सुगंधित फूल है।

2 निम्नलिखित वाक्यों में उद्देश्य पर घेरा लगाइए।

(i) सिंह दहाड़ता है।

(ii) वह आने वाला है।

(iii) टहलना स्वास्थ्य के लिए अच्छा है।

(iv) बच्चे नटखट होते हैं।

(v) कृष्ण वासुदेव के पुत्र हैं।

(vi) डॉ. राजेंद्र प्रसाद उच्च कोटि के विद्वान् थे।

(vii) वाल्मीकि ने रामायण की रचना की।

(viii) हमें सदा सत्य बोलना चाहिए।

(ix) वीर योद्धा युद्ध से नहीं डरते।

(x) बच्चों ने शिक्षक दिवस मनाया।

3 निम्नलिखित वाक्यों में से विधेय को छाँटकर लिखिए

(i) गीता हमारा पवित्र ग्रंथ है। _______________

(ii) गीतिका पाँचवीं कक्षा में पढ़ती है। _______________

(iii) हिरण तेज़ दौड़ता है। _______________

(iv) प्रधानमंत्री ने भाषण दिया। _______________

(v) किसान अन्न उपजाता है। _______________

(vi) गरीबी असहाय होती है। _______________

(vii) कोयल चतुर पक्षी है। _______________

(viii) माँ ने बालक को दूध पिलाया। _______________

(ix) कबड्डी भारतीय खेल है। _______________

(x) दिल्ली भारत की राजधानी है। _______________

4 उद्देश्य और विधेय के उपयुक्त मेल से बने सार्थक वाक्यों पर सही (✓) का निशान तथा अन्य पर गलत (✗) का निशान लगाइए।

(i) चेतक राणा प्रताप का घोड़ा था। ☐

(ii) कमल हमारा राष्ट्रीय पक्षी है। ☐

(iii) गांधीजी सच के पुजारी थे। ☐

(iv) हाथी विशालकाय जानवर है। ☐

(v) तितली आकाश में उड़ती है। ☐

(vi) हिमालय पर्वत बर्फ़ से ढका रहता है। ☐

(vii) हिंदी हमारी राजभाषा है। ☐

5 उपयुक्त विधेय जोड़कर नीचे दिए गए प्रत्येक उद्देश्य से वाक्य बनाइए।

(i) ईश्वर _______________

(ii) लालकिला _______________

(iii) ईमानदारी _______________

(iv) परोपकारी लोग _______________

(v) कायर व्यक्ति _______________

(vi) शिक्षक ने _______________

वर्तनी और वाक्य शुद्धता

(क) शुद्ध वर्तनी

1 शुद्ध शब्दों पर सही (✓) का निशान लगाइए।

(i)	सकूल ☐	इस्कूल ☐	स्कूल ☐
(ii)	क्षात्र ☐	छात्र ☐	छातर ☐
(iii)	बज़ार ☐	बाज़ार ☐	बाजार ☐
(iv)	कठिनाई ☐	कठिनाइ ☐	कठनाइ ☐
(v)	ग्रहस्थ ☐	गृहस्त ☐	गृहस्थ ☐
(vi)	हिंदूस्तान ☐	हिंदुस्तान ☐	हिंदुसतान ☐
(vii)	किषाण ☐	किसान ☐	किशान ☐
(viii)	इश्वर ☐	ईशवर ☐	ईश्वर ☐
(ix)	परवत ☐	प्रवत ☐	पर्वत ☐
(x)	दृश्य ☐	द्रश्य ☐	दर्श्य ☐
(xi)	आगन ☐	आँगन ☐	आंगन ☐
(xii)	दर्शन ☐	दरशन ☐	दर्सन ☐
(xiii)	चलाक ☐	चालाँक ☐	चालाक ☐
(xiv)	कुम्हार ☐	कुमहार ☐	कुन्हार ☐
(xv)	धरम ☐	धर्म ☐	ध्रम ☐

2 अशुद्ध शब्दों पर घेरा लगाइए।

(i)	पशिचम	चंद्रमुख	गिरि
(ii)	वृत	घटिया	परीक्षा
(iii)	गेहूं	इच्छुक	मधुमास
(iv)	महादेव	चट्ठान	भिक्षा
(v)	अधिक	चरित्र	तरणि
(vi)	वर्षण	अँगूर	सहचर
(vii)	समरथन	ईदगाह	विश्व
(viii)	बदशाह	बगीचा	दामिनी
(ix)	रिण	वायु	जुर्माना
(x)	भिखाड़ी	वज्र	ज़िंदगी
(xi)	चोपाया	प्यास	माधव
(xii)	मानुष	विधालय	पुजारी
(xiii)	हंसमुख	अवधूत	अँधेरा
(xiv)	आगरह	संगत	शिशु
(xv)	दीर्घ	कर्षक	वरिष्ठ

3 शुद्ध वर्तनी वाले शब्दों से रिक्त स्थान भरिए।

(i) ऊँट की पीठ पर एक —————— होता है। (कुबर / कूबर / कूबड़)

(ii) हम —————— में धूप से बचते हैं। (ग्रमियों / गर्मियों / गर्म्यों)

(iii) ताजमहल विश्व के सात —————— में से एक है। (आसचर्यों / आश्चर्यों / आष्चर्यों)

(iv) भारत एक महान् —————— है। (राष्ट्र / रास्ट्र / राश्ट्र)

(v) उत्तम —————— सबसे बड़ा धन है। (स्वस्थ / स्वस्थ्य / स्वास्थ्य)

4 निम्नलिखित शब्दों को शुद्ध करके लिखिए।

(i) प्रशाद —————— (ii) बिमार ——————

(iii) पृथिवी —————— (iv) आयू ——————

(v) परिवरतन —————— (vi) परिशम ——————

(vii) किरपया —————— (viii) निश्चित ——————

(ix) ईच्छा —————— (x) पत्नि ——————

5 निम्नलिखित अनुच्छेद वर्तनी दोषों से परिपूर्ण है। वर्तनी दोष को शुद्ध करके अनुच्छेद को फिर से लिखिए।

हमारा देश भारतवर्ष है। यहाँ की प्रकीति मनोरम है। भारत के उत्तर में हिमआलय और दच्छिन में समूद्र है। गंगा और जमुना यहाँ की पवीत्र नदिया हैं। राम, क्रिशन, बूद्ध और महाबीर ने इसी भुमि पर जन्म लिया। यह ऋषयों-मूनयों का देस है। यहाँ लोग मीलजूल कर रहते हैं। यहाँ वीभिन्न धरमों के लोग एक साथ रहते हैं। भारत विष्व को शांती का संदेष देता है।

——————————————————————————————————

——————————————————————————————————

——————————————————————————————————

(ख) वाक्य शुद्धता

6 नीचे शुद्ध एवं अशुद्ध दोनों प्रकार के वाक्य दिए गए हैं। शुद्ध वाक्यों के सामने सही (✔) का निशान लगाइए।

(i) मुझे पाँच रुपया चाहिए।	☐	मुझे पाँच रुपये चाहिए।	☐
(ii) लड़का मैदान में दौड़ रहे हैं।	☐	लड़के मैदान में दौड़ रहे हैं।	☐
(iii) घड़ी में सात बजे हैं।	☐	घड़ी में सात बजा है।	☐
(iv) आप ऐसा मत कहो।	☐	आप ऐसा मत कहिए।	☐
(v) मुझे विद्यालय जाना है।	☐	मुझे विद्यालय को जाना है।	☐
(vi) इतनी झूठ न बोलो।	☐	इतना झूठ न बोलो।	☐
(vii) पार्टी धूमधाम से मनाया गया।	☐	पार्टी धूमधाम से मनाई गई।	☐
(viii) आज यहाँ कोई नहीं आया।	☐	आज यहाँ कोई नहीं आए।	☐

7 निम्नलिखित वाक्यों को शुद्ध करके फिर से लिखिए।

(i) विमला ने गृहकार्य नहीं की।

(ii) तुम्हारे क्या नाम है?

(iii) इंद्रधनुष में सात रंग होता है।

(iv) यह सड़क काफ़ी पुराना है।

(v) मोहन आटा पिसाने जा रहा है।

(vi) बिल्ली टेबुल में बैठी है।

(vii) मम्मी ने सब्जी बना लिया।

(viii) राजा दशरथ का चार पुत्र था।

8 वाक्यों को शुद्ध करके अनुच्छेद को फिर से लिखिए।

पर्वत के ऊँचाई काफी अधिक होते हैं। पर्वत से अनेकों नदी निकलती है। ये नदी समुद्र में जा मिलती हैं। समुद्र की पानी गर्म होकर वाष्प जाती है। वाष्प आगे चलकर बादल की रूप ले लेती है। बादल पर्वत से टकराकर वर्षा करती हैं।

अध्याय 9

विराम-चिह्न

1 सही विकल्प पर सही (✓) का निशान लगाइए।

(i) पूर्ण विराम का सही चिह्न है

(क) ? ☐ (ख) ! ☐ (ग) । ☐ (ग) , ☐

(ii) अल्प विराम का सही चिह्न है

(क) । ☐ (ख) , ☐ (ग) ? ☐ (घ) ! ☐

(iii) प्रश्नवाचक चिह्न का सही रूप है

(क) ! ☐ (ख) । ☐ (ग) , ☐ (घ) ? ☐

(iv) विस्मयसूचक चिह्न का सही रूप है

(क) ! ☐ (ख) । ☐ (ग) , ☐ (घ) ? ☐

2 सही विराम-चिह्न वाले वाक्यों को फिर से लिखिए।

(i) टोकरी में आम लीची और सेब, रखे थे।
टोकरी में आम, लीची और सेब रखे थे।

____

(ii) गाय क्या खा रही है?
गाय क्या? खा रही है।

____

(iii) शाबाश! तुमने तो मुझे खुश कर दिया।
शाबाश। तुमने तो मुझे खुश कर दिया।

____

(iv) मधु, देखो तो कौन आया है?
मधु? देखो तो कौन आया है!

____

3 उपयुक्त स्थान पर अल्प विराम और पूर्ण विराम का चिह्न लगाकर वाक्यों को फिर से लिखिए।

(i) चंद्रमा रात को दिखता है

(ii) राम रहीम ईसा आदि एक ही ईश्वर के अलग-अलग नाम हैं

(iii) क्रोध लोभ ईर्ष्या मोह मनुष्य के दुर्गुण हैं

(iv) मोहन न तो ज्यादा लंबा था न ज्यादा नाटा

(v) एक बार सुन लो मैं फिर नहीं बोलूँगा

4 उपयुक्त स्थान पर विस्मयसूचक, प्रश्नसूचक और पूर्ण विराम चिह्न लगाकर वाक्यों को फिर से लिखिए।

(i) ओह बड़ी गर्मी है

(ii) हाय यह क्या हो गया

(iii) हे ईश्वर ऐसी विपदा किसी और को न देना

(iv) इस वक्त कौन आवाज़ दे रहा है

(v) मित्र धीरज न हारो सब ठीक हो जाएगा

5 उपयुक्त स्थानों पर विराम-चिह्नों का प्रयोग कर अनुच्छेद को फिर से लिखिए।

राजन जानते हो आज विद्यालय का वार्षिक समारोह था अक्षय कपिल रेखा अब्दुल्ला आदि विद्यार्थियों ने कमाल का अभिनय किया था रेखा ने इंदिरा गांधी अब्दुल्ला ने पंडित नेहरू कपिल ने डॉ. राजेंद्र प्रसाद और अक्षय ने डॉ. अंबेडकर की भूमिका निभाई थी वाह जवाब न था इन सबका हर दिन हर घड़ी प्रार्थना करता हूँ कि ये सब जीवन में आगे बढ़ें भगवान इन्हें सदा खुश रखना

[अध्याय 1]

पत्र लेखन

औपचारिक पत्र का प्रारूप

प्रधानाचार्या को एक दिन के अवकाश के लिए प्रार्थना-पत्र लिखिए।

प्राप्तकर्ता का पता →
सेवा में,
प्रधानाचार्या महोदया,
माउंटआबू पब्लिक स्कूल,
वेस्ट शालीमार बाग,
दिल्ली-110088

विषय → **विषय** – एक दिन के अवकाश के संबंध में।

संबोधन → महोदया,

विषय विस्तार →
सविनय निवेदन यह है कि मैं इस विद्यालय की चौथी कक्षा का छात्र हूँ। कल विद्यालय से घर वापस आने के बाद मुझे बुखार हो गया और सिर में भी दर्द होने लगा था। मुझे तुरंत ही डॉक्टर के पास ले जाया गया। डॉक्टर ने मुझे कुछ दवाइयाँ दीं और एक दिन आराम करने की सलाह दी है। इस कारण मैं आज दिनांक _______ को विद्यालय में उपस्थित नहीं हो सकता।

अतः मेरी आपसे प्रार्थना है कि मुझे दिनांक _______ को अवकाश प्रदान करने की कृपा करें।

अभिवादन → धन्यवाद

आपका आज्ञाकारी
राकेश सैनी

अभिनिवेदन → चतुर्थ 'बी'
अनुक्रमांक -10

तिथि → दिनांकः 15 जनवरी, 20XX

1 विद्यालय की ओर से चिड़ियाघर की सैर की व्यवस्था करने के लिए प्रधानाचार्या जी को प्रार्थना पत्र लिखिए।

2 स्कूल बस से विद्यालय आने-जाने की सुविधा प्राप्त करने के लिए विद्यालय के प्रधानाचार्य को पत्र लिखिए।

3 विद्यालय में खेलकूद का सामान मँगवाने हेतु प्रधानाचार्य जी को प्रार्थना-पत्र लिखिए।

4 विद्यालय में पानी की उचित व्यवस्था करवाने हेतु प्रधानाचार्य को प्रार्थना-पत्र लिखिए।

अनौपचारिक पत्र का प्रारूप

अपने मित्र को परीक्षा में उत्तीर्ण होने पर बधाई पत्र लिखिए।

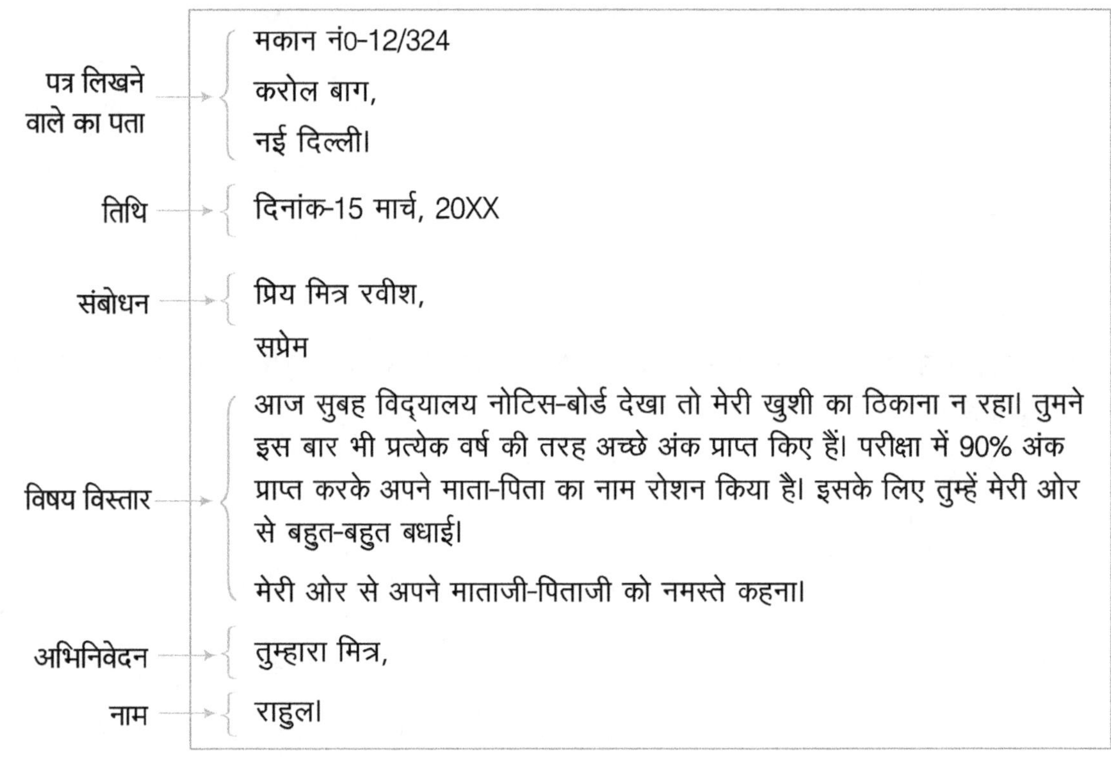

1 अपने मित्र को पत्र के माध्यम से नव–वर्ष की शुभकामनाएँ दीजिए।

2 आपको अपने मित्र की बड़ी बहन के विवाह-समारोह में शामिल होने का अवसर प्राप्त हुआ। वहाँ की व्यवस्था की प्रशंसा करते हुए अपने मित्र को पत्र लिखिए।

3 ग्रीष्मावकाश में नानी के घर ले जाने का अनुरोध करते हुए अपने पिताजी को पत्र लिखिए।

4 अपने बीमार मामा जी का हाल-चाल जानने के लिए मामी जी को पत्र लिखिए।

अध्याय 2

अनुच्छेद लेखन

अनुच्छेद लेखन का प्रारूप

राष्ट्रीय पर्व गणतंत्र दिवस (26 जनवरी) पर अपने शब्दों में अनुच्छेद लिखिए।

विषय →

राष्ट्रीय पर्व : गणतंत्र दिवस

गणतंत्र दिवस भारत का सबसे महत्त्वपूर्ण राष्ट्रीय पर्व है। यह पर्व 26 जनवरी को मनाया जाता है। इस दिन भारत का संविधान लागू हुआ था। इस दिन पूरे देश में अनेक रंगारंग कार्यक्रमों का आयोजन किया जाता है। प्रदेशों की सरकारें अपनी-अपनी राजधानी में तथा ज़िला स्तर पर राष्ट्रीय ध्वज फहराने तथा अनेक कार्यक्रमों का आयोजन करती हैं। राजधानी दिल्ली में इस अवसर पर विशेष समारोह आयोजित किए जाते हैं।

विषय विस्तार →

26 जनवरी हमारा सबसे महत्त्वपूर्ण राष्ट्रीय पर्व है। यह पर्व किसी जाति, धर्म, वर्ग, वर्ण या संप्रदाय का पर्व नहीं है। इस दिन नई दिल्ली के विजय-चौक से परेड का प्रारंभ होता है। इंडिया गेट के निकट राष्ट्रपति राष्ट्रीय धुन के साथ ध्वज फहराते हैं। उन्हें 21 तोपों की सलामी दी जाती है। हवाई जहाज़ द्वारा फूलों की वर्षा की जाती है। भारतीय सैनिकों का सीना तान कर कदम से कदम मिलाकर चलने का दृश्य बड़ा ही सुंदर होता है। इस दिन वीरता पुरस्कार प्राप्त बहादुर बच्चों को हाथी पर बिठाया जाता है। इस प्रकार 26 जनवरी का दिन बड़े हर्ष और उल्लास के साथ मनाया जाता है।

1 दिए गए संकेतों के आधार पर 'मेरा प्रिय मित्र' विषय पर एक अनुच्छेद लिखिए।

संकेत

प्रिय मित्र—मित्रता का महत्त्व—मित्र का व्यवहार—मित्र की योग्यता—मित्र के गुण—मित्र की पहचान

2 दिए गए संकेतों के आधार पर 'राष्ट्रीय पक्षी-मोर' विषय पर एक अनुच्छेद लिखिए।

संकेत

मोर हमारे देश का राष्ट्रीय पक्षी–इसकी सुंदरता का वर्णन–मोर की विशेषताएँ–व्यवहार–इसके शिकार पर रोक–इसकी सुरक्षा हमारा कर्तव्य।

3 'समय का सदुपयोग' विषय पर एक अनुच्छेद लिखिए।

संकेत

समय का महत्त्व — आवश्यकता — परिणाम — लाभ।

4 'मेरा विद्यालय' विषय पर एक अनुच्छेद लिखिए।

5 'रंगों का त्योहार-होली' विषय पर एक अनुच्छेद लिखिए।

6 'मेरी/मेरे प्रिय अध्यापक/अध्यापिका' विषय पर एक अनुच्छेद लिखिए।

अध्याय 3

चित्र वर्णन

1 नीचे दिए गए चित्र के आधार पर पूछे गए प्रश्नों के उत्तर दीजिए।

(i) दिए गए चित्र में बच्चे क्या खेल रहे हैं?

____

(ii) चित्र में कुल कितने बच्चे खेलते हुए दर्शाए गए हैं?

____

(iii) चित्र में कौन–कौन से जानवर दिखाई दे रहे हैं?

____

(iv) आसमान में क्या उड़ रहा है?

____

2 नीचे दिए गए चित्र का वर्णन अपने शब्दों में कीजिए।

____

____

____

____

3 नीचे दिए गए चित्र के आधार पर पूछे गए प्रश्नों के उत्तर दीजिए।

(i) दिए गए चित्र में लड़का क्या कर रहा है?

____

(ii) चित्र में कितने वृक्ष (पेड़) दिखाई दे रहे हैं?

____

(iii) लड़की क्या कर रही है?

____

(iv) लड़के ने सिर पर क्या पहनी हुई है?

____

(v) आसमान में क्या-क्या दिखाई दे रहा है?

____

4 नीचे दिए गए चित्र का वर्णन अपने शब्दों में कीजिए।

____

____

____

____

____

5 नीचे दिए गए चित्र का वर्णन अपने शब्दों में कीजिए।

____

____

____

____

____

अध्याय 4

संवाद लेखन

संवाद लेखन का प्रारूप

आपका एक मित्र कक्षा में प्रथम आया है, उसे बधाई देते हुए एक संवाद की रचना कीजिए।

राजन – हैलो समीर! बहुत-बहुत बधाई हो।

समीर – धन्यवाद।

राजन – तुमने तो कक्षा में प्रथम आकर कमाल कर दिया।

समीर – यह सब तो माता-पिता के आशीर्वाद का फल है, साथ ही तुम जैसे मित्रों की शुभकामनाओं का परिणाम है।

राजन – इतनी बड़ी सफलता पाकर भी तुम्हें ज़रा-सा भी घमंड नहीं है। तुम्हारी यह आदत बहुत अच्छी है।

समीर – इसमें घमंड करने वाली तो कोई बात ही नहीं है।

राजन – अच्छा, चलो घर चलें।

---

1 कक्षा में देरी से आने पर अध्यापिका और विद्यार्थी के बीच हुई बातचीत को संवाद रूप में लिखिए।

विद्यार्थी _______________________

अध्यापिका _______________________

विद्यार्थी _______________________

अध्यापिका _______________________

विद्यार्थी _______________________

अध्यापिका _______________________

2 दो विद्यार्थी अपने पसंदीदा खेल 'क्रिकेट' पर बातचीत कर रहे हैं। उनके बीच हुई बातचीत को संवाद के रूप में लिखिए।

रोहन _______________________

सुधांशु _______________________

रोहन _______________________

सुधांशु _______________________

रोहन _______________________

सुधांशु _______________________

3 घर से विद्यालय आते समय बस के खराब हो जाने पर दो छात्राओं राधा और सविता के बीच हुई बातचीत को संवाद के रूप में लिखिए।

राधा ______________________

सविता ______________________

राधा ______________________

सविता ______________________

राधा ______________________

सविता ______________________

4 दो मित्र परीक्षा देकर बाहर निकलते हैं। उनके बीच में होने वाली बातचीत को संवाद रूप में लिखिए।

अमन ______________________

जैक ______________________

अमन ______________________

जैक ______________________

अमन ______________________

जैक ______________________

5 दो विद्यार्थी अपने विद्यालय के वार्षिक उत्सव की तैयारी पर बातचीत कर रहे हैं। उनके बीच हुई बातचीत को संवाद के रूप में लिखिए।

अनिल ______________________

रमन ______________________

अनिल ______________________

रमन ______________________

अनिल ______________________

रमन ______________________

6 आपके पैर में चोट लगी है। माँ द्वारा कारण पूछे जाने पर उनसे होने वाले संवाद को लिखिए।

माँ ______________________

बेटी ______________________

माँ ______________________

बेटी ______________________

माँ ______________________

बेटी ______________________

[अपठित बोध]

वर्कशीट 1

1 निम्नलिखित अनुच्छेद को पढ़कर नीचे दिए गए प्रश्नों के उत्तर लिखिए।

वृक्ष जितने बड़े और घनाकार होते हैं, उनका काम भी उतना ही कठिन होता है। इनकी हरियाली हमारी आँखों को ठंडक पहुँचाती है। इनसे हमें छाया, शुद्ध हवा, फल, फूल, लकड़ियाँ आदि मिलती हैं। पेड़ों के कारण बरसात भी होती है। अनेक प्रकार के पक्षी इन पर घोंसला बनाकर रहते हैं। पेड़-पौधों से घरों और बगीचों की भी सुंदरता बढ़ती है। इतना सब कुछ होने के बावजूद पेड़-पौधे बदले में हमसे कुछ नहीं लेते। इनसे सीख लेकर हमें भी दूसरों की भलाई करनी चाहिए।

प्रश्न

(i) सही विकल्प पर सही (✓) का निशान लगाइए।

(I) पेड़ों की हरियाली हमारी आँखों को क्या पहुँचाती है?

(क) गरमी ☐ (ख) ठंडक ☐

(ग) हानि ☐ (घ) इनमें से कोई नहीं ☐

(II) पक्षी कहाँ घोंसले बनाते हैं?

(क) पेड़ों पर ☐ (ख) घरों की छत पर ☐

(ग) गमलों पर ☐ (घ) फूलों पर ☐

(III) पेड़-पौधों से कहाँ-कहाँ की सुंदरता बढ़ती है?

(क) घरों और कमरों की ☐ (ख) घरों और कपड़ों की ☐

(ग) पक्षी और कमरों की ☐ (घ) घरों और बगीचों की ☐

(ii) एक वाक्य में उत्तर लिखिए।

(I) पेड़ों से हमें क्या-क्या मिलता है?

____

(II) हमें पेड़-पौधों से क्या सीख लेनी चाहिए?

____

(iii) समानार्थक शब्द लिखिए। (क) पक्षी ———— (ख) फूल ————

(iv) विलोम शब्द लिखिए। (क) शुद्ध ———— (ख) भलाई ————

(v) वचन बदलिए। (क) लकड़ियाँ ———— (ख) पौधे ————

2 निम्नलिखित काव्यांश को पढ़कर पूछे गए प्रश्नों के उत्तर लिखिए।

चाह नहीं मैं सुरबाला के

गहनों में गूँथा जाऊँ,

चाह नहीं प्रेमी माला में

बिंध प्यारी को ललचाऊँ।

चाह नहीं सम्राटों के शव,

पर हे हरि ! डाला जाऊँ,

चाह नहीं मैं देवों के सिर पर

चढ़ूँ भाग्य पर इठलाऊँ।

प्रश्न

(i) सही विकल्प पर सही (✔) का निशान लगाइए।

   (I) पुष्प किस चीज़ की चाह नहीं रखता है?

      (क) सुरबाला के बालों में लगाने की ☐ (ख) सुरबाला के गहनों में गूँथे जाने की ☐

      (ग) सुरबाला के सिर पर चढ़ाने की ☐ (घ) इनमें से कोई नहीं ☐

   (II) पुष्प को किसके सिर पर चढ़ाए जाने पर इठलाना पसंद नहीं है?

      (क) देवों के ☐ (ख) सम्राटों के ☐

      (ग) सुरबाला के ☐ (घ) प्रेमियों के ☐

(ii) एक वाक्य में उत्तर दीजिए।

   (I) पुष्प किन-किन कार्यों में काम आता है?

   ____

   (II) पुष्प किसके शव पर न डाले जाने की बात कहता है?

   ____

(iii) समान अर्थ वाले शब्द लिखिए (क) चाह ———— (ख) देव ————

(iv) लिंग बदलिए। (क) प्रेमी ———— (ख) राजा ————

(v) उचित स्थान पर अनुस्वार (ँ) और चंद्रबिंदु (अनुनासिक)(ँ) लगाइए।

   (क) गूथा ———— (ख) बिध ————

वर्कशीट 2

1 निम्नलिखित अनुच्छेद को पढ़कर पूछे गए प्रश्नों के उत्तर लिखिए।

पंडित मदन मोहन मालवीय अंग्रेज़ों के बीच बैठे थे। तभी एक अंग्रेज़ ने हँसी-हँसी में अंग्रेज़ों के गोरे और भारतीयों के काले होने की बात छेड़ दी। मालवीय जी ने माहौल को हल्का बनाते हुए तपाक से जवाब दिया – ईश्वर ने जब पहली रोटी सेंकी तो उसे कच्चा ही उतार दिया। दूसरी रोटी सेंकी तो वह थोड़ी जल गई। तब उन्होंने तीसरी रोटी बड़ी सावधानीपूर्वक सोच-समझकर सेंकी, ताकि वह न कच्ची रहे और न जले ही। मालवीय जी का इशारा साफ़ था कि भारतीय न तो ज़्यादा गोरे हैं और न ज़्यादा काले ही, बल्कि उनमें दोनों की मिली-जुली सुंदरता विद्यमान है। मालवीय जी की बातें सुनकर अंग्रेज़ों के मुँह पर ताले लग गए। सबने उनकी हाज़िरजवाबी की प्रशंसा की।

प्रश्न

(i) सही विकल्प पर सही (✓) का निशान लगाइए।

    (I) ईश्वर ने कितनी रोटियाँ सेंकी थीं?

      (क) पाँच ☐   (ख) दो ☐

      (ग) तीन ☐   (घ) चार ☐

    (II) पहली रोटी का रंग कैसा था?

      (क) सफ़ेद ☐   (ख) काला ☐

      (ग) साँवला ☐   (घ) इनमें से कोई नहीं ☐

(ii) एक वाक्य में उत्तर लिखिए

    (I) एक अंग्रेज़ ने हँसी-हँसी में क्या कहा?

    (II) गद्यांश में तीसरी रोटी की तुलना किससे की गई है?

(iii) 'मुँह पर ताला लगना' मुहावरे का अर्थ लिखते हुए वाक्य प्रयोग कीजिए।

(iv) 'हाज़िरजवाबी' शब्द से विशेषण बनाइए

(v) वचन बदलिए

    (क) ताले —————   (ख) बातें —————

2 निम्नलिखित काव्यांश को पढ़कर पूछे गए प्रश्नों के उत्तर लिखिए।

देखो लड़को बंदर आया।
एक मदारी उसको लाया
उसका है कुछ ढंग निराला।
कानों में पहने है बाला
फटे पुराने रंग-बिरंगे।
कपड़े हैं उसके बेढंगे
मुँह डरावना आँखें छोटी।

लंबी दुम थोड़ी सी-मोटी
भौंह कभी है वह मटकाता।
आँखों को है कभी नचाता
ऐसा कभी किलकिलाता है।
मानो अभी काट खाता है
दाँतों को है कभी दिखाता।
कूद फाँद है कभी मचाता

(i) सही विकल्प पर सही (✓) का निशान लगाइए।

(I) बंदर को लेकर कौन आया है?

(क) लड़के ☐   (ख) मदारी ☐

(ग) सरकस वाला ☐   (घ) जादूगर ☐

(II) बंदर ने कानों में क्या पहना है?

(क) बाला ☐   (ख) चश्मा ☐

(ग) चूड़ी ☐   (घ) टोपी ☐

(ii) एक वाक्य में उत्तर लिखिए।

(I) बंदर ने कैसे कपड़े पहने हुए हैं?

____

(II) काव्यांश में बंदर के मुँह, आँख और दुम की क्या विशेषता बताई गई है?

____

(iii) नीचे दिए गए शब्दों को वचन बदलकर लिखिए।

(क) कानों ___________________

(ख) हाथ ___________________

(iv) नीचे दिए गए शब्दों के पर्यायवाची शब्द लिखिए।

(क) आँख ___________________

(ख) बंदर ___________________

(v) नीचे दिए गए शब्दों के विलोम शब्द लिखिए।

(क) आया ___________________

(ख) छोटी ___________________

वर्कशीट 3

1 निम्नलिखित अनुच्छेद को पढ़कर नीचे दिए गए प्रश्नों के उत्तर लिखिए।

टेलीविज़न दूर-दूर के दृश्यों को हमारे सामने प्रस्तुत करता है, इसलिए इसका नाम 'दूरदर्शन' पड़ा। टेलीविज़न मनोरंजन का खज़ाना है। इस पर तरह-तरह के कार्यक्रम दिखाए जाते हैं। क्रिकेट, फुटबॉल और तरह-तरह के खेल चाहे कहीं भी खेले जा रहे हों, उन्हें हम टेलीविज़न पर घर बैठे-बैठे देख सकते हैं। नृत्य, नाटक, धारावाहिक, फ़िल्में, कवि-सम्मेलन आदि अनेक कार्यक्रम टेलीविज़न पर दिखाए जाते हैं। टेलीविज़न पर विविध विषयों पर चर्चा होती है। इनके माध्यम से हमें अनेक जानकारियाँ मिलती हैं। टेलीविज़न पर भोजन बनाने की अनेक विधियाँ तथा हस्तकला की वस्तुएँ बनाने के तरीके भी बताए जाते हैं।

प्रश्न

(i) सही विकल्प पर सही (✓) का निशान लगाइए।

   (I) टेलीविज़न का नाम दूरदर्शन पड़ा, क्योंकि

   (क) यह तरह-तरह के कार्यक्रम दिखाता है।

   (ख) दूर-दूर के दृश्यों को हमारे सामने प्रस्तुत करता है।

   (ग) विविध विषयों की चर्चा करता है।

   (घ) उपर्युक्त में से कोई नहीं।

   (II) टेलीविज़न किसका खज़ाना है?

   (क) दृश्यों का   (ख) क्रिकेट का

   (ग) मनोरंजन का   (घ) इनमें से कोई नहीं

(ii) एक वाक्य में उत्तर लिखिए।

   (I) टेलीविज़न पर हम क्या देख सकते हैं?

   ____

   (II) टेलीविज़न के क्या लाभ हैं?

   ____

   (III) टेलीविज़न पर कौन-कौन से कार्यक्रम दिखाए जाते हैं?

   ____

(iii) समान अर्थ वाले शब्द लिखिए।   (क) विधि ________   (ख) दृश्य ________

(iv) विलोम शब्द लिखिए।   (क) दूर ——————   (ख) अनेक ——————

(v) वचन बदलिए।   (क) तरीका ——————   (ख) वस्तु ——————

2 निम्नलिखित काव्यांश को पढ़कर पूछे गए प्रश्नों के उत्तर लिखिए।

यह कदंब का पेड़ अगर माँ होता यमुना तीरे,

मैं भी उस पर बैठ कन्हैया बनता धीरे-धीरे।

ले देती यदि मुझे बाँसुरी तुम दो पैसे वाली,

किसी तरह नीचे हो जाती यह कदंब की डाली।

तुम्हें नहीं कुछ कहता पर मैं चुपके-चुपके आता,

इस नीची डाली से अम्मा, ऊँचे पर चढ़ जाता।

वहीं बैठ फिर बड़े मजे से मैं बाँसुरी बजाता,

अम्मा-अम्मा कह बंसी के स्वर में तुम्हें बुलाता।

प्रश्न

(i) सही विकल्प पर सही (✔) का निशान लगाइए।

     (I) कविता की पंक्तियों में किस पेड़ का जिक्र है?

       (क) आम के ☐   (ख) बरगद के ☐

       (ग) कदंब के ☐   (घ) नीम के ☐

     (II) बच्चा क्या बनने की कल्पना कर रहा है?

       (क) बाँसुरी ☐   (ख) कन्हैया ☐

       (ग) पेड़ की डाली ☐   (घ) इनमें से कोई नहीं ☐

(ii) एक वाक्य में उत्तर दीजिए।

     (I) बच्चा माँ से क्या दिलाने की बात कर रहा है?

     ____

     (II) बच्चा कहाँ बैठकर बाँसुरी बजाने की बात कहता है?

     ____

     (III) बंसी बजाकर बच्चा किसे बुलाता?

     ____

(iii) समान अर्थ वाले शब्द लिखिए।   (क) कन्हैया ——————   (ख) तीर ——————

(iv) विलोम शब्द लिखिए।   (क) नीचे ——————   (ख) धीरे ——————

(v) कविता में से समान तुक वाले दो शब्द छाँटकर लिखिए।   (क) ——————   (ख)

उत्तरमाला

अध्याय 1 मन के भोले-भाले बादल

* **पाठ आधारित प्रश्न**

1. (i) (ग) परियों के समान (ii) (ख) पानी (iii) (क) ढोलक और ढोल (iv) (घ) नदी-नालों में

2. (i) (✔) (ii) (✗) (iii) (✔)

3. I. (i) (ख) छत पर (ii) (क) भले   II. (i) ज़िद्दी (ii) भोला-भाला

* **भाषा आधारित प्रश्न**

2. (i) चक्कर, चक्का, टक्कर (ii) बच्चा, उच्च, सच्चा (iii) चम्मच, अम्मी, जुम्मा

3. (i) मोटी (ii) सा हँसमुख (iii) सी, वस्तु (iv) सा, व्यक्ति

4. (i) शैतानी (ii) लगाए (iii) बालों

5. (i) कल-कल-कल (ii) सन-सन-सन (iii) छम-छम-छम (iv) छुक-छुक-छुक (v) फर-फर-फर

अध्याय 2 जैसा सवाल वैसा जवाब

* **पाठ आधारित प्रश्न**

1. (i) (ग) बादशाह अकबर का (ii) (क) बीरबल को (iii) (घ) बीरबल ने (iv) (ख) ख्वाजा सरा को

2. (i) (✔) (ii) (✗) (iii) (✗) (iv) (✔)

3. (i) बुद्धि (ii) अचकन-पगड़ी (iii) छड़ी (iv) मरना-जीना   4. I. (i) (क) बालक और मूर्ख (ii) (घ) बीरबल की

* **भाषा आधारित प्रश्न**

1. (i) अकबर (ii) आकाश (iii) ख्वाजा (iv) मुसीबत (v) बुद्धि   2. (i) (ख) आबादी (ii) (ग) लोग (iii) (क) बातें

3. (i) उत्तर (ii) जवाबों (iii) तरीके (iv) सवाल (v) लोगों

अध्याय 3 किरमिच की गेंद

* **पाठ आधारित प्रश्न**

1. (i) (ख) कहानी पढ़ रहा था (ii) (क) केले के (iii) (क) क्लब (iv) (ग) चार महीने (v) (ख) स्कूटर में बनी जालीदार टोकरी में

2. (i) (✔) (ii) (✗) (iii) (✔) (iv) (✗) (v) (✔)

3. (i) तवे (ii) भिंडियों (iii) गेंद (iv) निशानी (v) निशान

* **भाषा आधारित प्रश्न**

1. (i) मकान (ii) परखना (iii) आराम (iv) शुरुआत (v) चिह्न (vi) चालाक

2. (i) छुट्टियाँ (ii) गेंदें (iii) बरामदे (iv) दरवाज़े

4. (i) ढूँढ़ते-ढूँढ़ते (ii) हरे-हरे

अध्याय 4 पापा जब बच्चे थे

* **पाठ आधारित प्रश्न**

1. (i) (ख) चौकीदार (ii) (ग) हरा (iii) (घ) स्टेशन के पास (iv) (ख) इंसान

2. (i) (✔) (ii) (✗) (iii) (✔) (iv) (✗) (v) (✔)

• **भाषा आधारित प्रश्न**

1. (i) बिना मूल्य के (ii) आश्चर्य (iii) कठिनाई   (iv) रेलगाड़ी के ठहरने का स्थान (v) पशुओं को चराने वाला
   (vi) अनजान (vii) अधिकारी

2. (i) प्रयत्न (ii) वास्तव   (iii) आनंददायक (iv) सफ़र   (v) कार्य (vi) परेशानी

अध्याय 5   दोस्त की पोशाक

• **पाठ आधारित प्रश्न**

1. (i) (ख) पुराने मित्र से (ii) (घ) मामूली   (iii) (क) मोहल्ले में   (iv) (ख) नसीरुद्दीन की

2. (i) (✗)   (ii) (✓)   (iii) (✓)   (iv) (✗)

3. (i) मना (ii) मुलाकात (iii) पड़ोसी, कपड़े (iv) अच्छा

4. (i) (ग) कहे बिना काम नहीं चलता (ii) (ङ) जमाल साहब   (iii) (घ) मोहल्ले में घूम आएँ
   (iv) (ख) कैसी अकल है   (v) (क) मैंने वैसा किया

• **भाषा आधारित प्रश्न**

1. (i) बातें करना   (ii) सज-सँवर कर   (iii) भेंट होना   (iv) किसी अतिथि का सप्रेम अभिवादन करना

2. (i) मोहल्ले, घूम आएँ   (ii) जमाल साहब, मना कर दिया   (iii) गपशप, होने लगी   (iv) गलती, हो गई

अध्याय 6   नाव बनाओ नाव बनाओ

• **पाठ आधारित प्रश्न**

1. (i) (घ) सात (ii) (ख) रस का (iii) (क) लंबी-चौड़ी (iv) (ग) रंग-बिरंगा

2. (i) घिर-घिर (ii) भारी (iii) बाज़ार

3. (i) (घ) जल्दी आओ (ii) (ङ) बादल छाया (iii) (ग) गली भरेगा (iv) (ख) कागज़ चमकीला (v) (क) चढ़ती-गढ़ती

• **भाषा आधारित प्रश्न**

1. (i) खोजो   (ii) लुढ़काओ   (iii) जल्दी से   (iv) खुश करना   (v) दोष

2. (i) धीरे   (ii) भारी   (iii) पुराने   (iv) धूप

3. (i) जल, नीर   (ii) समुद्र, रत्नाकर (iii) सरिता, तरंगिनी (iv) नेत्र, नयन   (v) वर्षा, पावस (vi) मेघ, घन

4. (i) घिर-घिर   (ii) नए-नए   (iii) छप-छप

5. (i) चलाओ   (ii) भरेगा   (iii) रोलो   (iv) पीला   (v) चढ़ती   (vi) आओ

अध्याय 7   दान का हिसाब

• **पाठ आधारित प्रश्न**

1. (i) (ग) नामी (ii) (क) अकाल (iii) (ख) दस हज़ार (iv) (क) ज़रूरतमंदों की

2. (i) (✗) (ii) (✗) (iii) (✓) (iv) (✓)

3. (i) आदेश (ii) राजभंडारी (iii) संन्यासी (iv) दो (v) दस (vi) सप्ताह (vii) हिसाब (viii) दान (ix) उलझन (x) महाराज

• **भाषा आधारित प्रश्न**

1. (i) आदर (ii) पुकार (iii) अशुभ समय/भुखमरी (iv) ख्याति (v) लालची (vi) आदेश

2. (i) वस्त्र (ii) ईश्वर (iii) समाप्त (iv) स्वयं (v) नृप (vi) पीड़ा (vii) रुपया (viii) समुद्र

3. (i) अमीर (ii) सुखी (iii) मूर्ख (iv) दुर्जन (v) मृत (vi) निर्धन (vii) आसान (viii) बड़े (ix) अनिच्छा (x) ज्यादा/अधिक

4. (i) पूर्वी (ii) भिखारी (iii) प्यासे (iv) कृपा (v) भूकंप (vi) निराश (vii) दिवालिया (viii) प्रकोप (ix) दु:खियों (x) रुपया

अध्याय 8 कौन?

- ### पाठ आधारित प्रश्न

1. (i) (ख) चूहे ने (ii) (क) मिठाई (iii) (ग) दो (iv) (ख) पैसा (v) (ग) सोने

- ### भाषा आधारित प्रश्न

1. (i) दिन (ii) जागना (iii) कभी-कभी (iv) उठना
2. (i) भोजन (ii) पुस्तक (iii) गृह (iv) चित्र (v) संसार (vi) रात्रि
3. (i) कोना (ii) गड़बड़ (iii) छिपना (iv) जगता (v) बटन (vi) मिठाई (vii) रस्सी (viii) शरारत (ix) सोना (x) स्याही
4. (i) पैने दाँतों से काटना (ii) छिपना (iii) छानने की चीज़ (iv) कवर (v) दौड़ता-भागता
5. (i) बटन (ii) स्याही (iii) अनाज (iv) तसवीर
6. (i) बहाई (ii) छन्ने (iii) कोने (iv) जाता

अध्याय 9 स्वतंत्रता की ओर

- ### पाठ आधारित प्रश्न

1. (i) (ग) नौ (ii) (ख) भारत की स्वतंत्रता के लिए (iii) (ख) कमरे में (iv) (क) नींबू के पेड़ से (v) (ग) पैदल
2. (i) (✓) (ii) (✗) (iii) (✓) (iv) (✗) (v) (✗)
3. (i) घास (ii) बकरी (iii) सत्याग्रह (iv) शर्म (v) कर

- ### भाषा आधारित प्रश्न

1. (i) आज़ादी (ii) रोक, बाधा (iii) सत्य पर अडिग (टिकना) रहना (iv) हैरानी (v) संकल्प लेना, निर्णय
   (vi) किसी कार्य में लगे रहना (vii) अभिमान
2. (i) शाम (ii) जवाब (iii) शहर (iv) बेचना (v) अमीर (vi) न्याय (vii) परतंत्रता (viii) निर्विरोध
3. (i) जल (ii) मित्र (iii) सागर (iv) विरुद्ध (v) नेत्र (vi) भ्रमण
4. (i) आश्रम (ii) बर्तन (iii) चूल्हा (iv) सब्ज़ी (v) यात्रा (vi) जुलूस

अध्याय 10 थप्प रोटी थप्प दाल

- ### पाठ आधारित प्रश्न

1. (i) (ख) तरला (ii) (क) बड़ियाँ (iii) (ग) सो जाते हैं (iv) (ग) रोटी (v) (ग) बिल्ली
2. (i) (✓) (ii) (✗) (iii) (✗) (iv) (✓) (v) (✗)
3. (i) रोटी (ii) हांडी, रंगमंच (iii) मक्खन (iv) आँसू (v) पंक्ति

- ### भाषा आधारित प्रश्न

1. (i) (ग) रात (ii) (घ) भूख (iii) (ङ) मट्ठा (iv) (क) स्वाद (v) (ख) हाल
2. (i) हँसना (ii) सुख (iii) दूर (iv) अनेक (v) मीठा (vi) लेना
3. (i) पकाओ (ii) चखाएँ (iii) हाल/माल (iv) मलाई (v) ज़ोर (vi) भात
4. (i) यकायक या एकदम से (ii) नाटक करने की कला, नकल करना (iii) सब्ज़ी (iv) अच्छा (v) हैरानी, अद्भुत
   (vi) प्रयास या कोशिश करना

- ### पाठ के आस-पास

1. (i) (ख) भात (ii) (ग) डोसा (iii) (क) सरसों का साग

अध्याय 11 पढ़क्कू की सूझ

• पाठ आधारित प्रश्न

1. (i) (ग) तेज़   (ii) (क) तर्कशास्त्र   (iii) (क) गज़ब है   (iv) (क) घंटी   2. (i) (✓) (ii) (✓) (iii) (✗) (iv) (✗)

3. (iii) जुगाली

• भाषा आधारित प्रश्न

2.

ब	ना	ना	प	र
क	म	ल	र	त
क	मा	ल	वा	र्क
जु	गा	ली	ह	शा
प	स	न	त	स्त्र

(i) गढ़ना – बनाना (ii) फ़िक्र – परवाह (iii) गजब – कमाल (iv) मंतिख – तर्कशास्त्र (v) पागुर – जुगाली

3. (i) पढ़क्कू (पढ़ाकू) (ii) आस्तिक (iii) अमर (iv) अजर

4. (i) इसमें (ii) पूँछ (iii) मंतिख (iv) घंटी (v) बूँद (vi) साँझ (vii) हँसा (viii) यहाँ

अध्याय 12 सुनीता की पहिया कुर्सी

• पाठ आधारित प्रश्न

1. (i) (क) सात बजे (ii) (ग) बाज़ार (iii) (ख) अलमारी में (iv) (क) चीनी (v) (क) फ़रीदा

2. (i) (✓) (ii) (✓) (iii) (✗) (iv) (✓) (v) (✗)

3. (i) फुर्ती से (ii) नहा-धोकर (iii) मुस्कुरा (iv) व्यवहार (v) गोदी (vi) परवाह   4. (iv) उदास

• भाषा आधारित प्रश्न

1. (i) तेज़ी (ii) थैला (iii) विवशता (लाचारी) भरी आँखों से देखना (iv) बर्ताव (v) अनोखा

2. (i) हालाँकि (ii) तरीके (iii) नाश्ता (iv) मुस्कुराते (v) वापस (vi) दोबारा

3.

संज्ञा शब्द	विशेषण शब्द	संज्ञा शब्द	विशेषण शब्द
सुनीता	चमक	अकेले	अजीब
बाज़ार	फुर्ती	अचार	जल्दी
पलंग	गुस्सा	सड़क	तेज़ी
मेज़	मुश्किल	लड़का	
बिस्तर	मदद		

अध्याय 13 हुदहुद

• पाठ आधारित प्रश्न

1. (i) (ग) धूप से   (ii) (क) चतुर   (iii) (क) सुंदर   (iv) (ख) काला   (v) (ख) बादामी

2. (i) (✓) (ii) (✗) (iii) (✗) (iv) (✗) (v) (✓)

3. (i) सुलेमान   (ii) हुदहुदों   (iii) परामर्श   (iv) देश के, पाए जाते   (v) तीन से दस

4. (iv) मिलता-जुलता

• **भाषा आधारित प्रश्न**

1. (i) चालाक   (ii) ज़ल्दी   (iii) सलाह   (iv) सावधान करने वाली बात   (v) सतर्क   (vi) पूँछ   (vii) ज़रूरी
   (viii) पक्षियों के सिर पर निकला बालों का गुच्छा चोटी   (ix) प्रसिद्ध   (x) खुश होकर दी जाने वाली वस्तु
2. (i) गगन   (ii) सहायता   (iii) खुश   (iv) पंख   (v) घास   (vi) गृह

अध्याय 14   मुफ़्त ही मुफ़्त

• **पाठ आधारित प्रश्न**

1. (i) (ग) नारियल (ii) (क) कंजूस (iii) (क) कोलाहल (iv) (क) नाव वाला
2. (i) (✔) (ii) (✗) (iii) (✔) (iv) (✗)
3. (i) चटकारा (ii) खुल गई (iii) टहनी, तने (iv) गर्दन   (v) फिसल गया   4. (v) (क) सवाल (ख) नापसंद

• **भाषा आधारित प्रश्न**

1. (i) कठिनाई (ii) लालच देना (iii) शोर (iv) तेज़ी
2. (i) भीखूभाई (ii) नारियल वाले ने   (iii) नाववाला (iv) माली (v) ऊँटवाला
3. (i) काकी (ii) पत्नी (iii) मालिन (iv) पिता (v) ऊँटनी (vi) घोड़ी

खंड ख

अध्याय 1   भाषा वर्ण और शब्द

1. (i) (ग) देवनागरी (ii) (घ) हिंदी (iii) (ख) ग्यारह (iv) (घ) अ में
2. (i) सहसा   (ii) भाषा   (iii) सागर   (iv) देखना   (v) भारत   (vi) काटना
3. (i) क् + अ + ल् + अ + म् + अ   (ii) प् + आ + न् + ई
   (iii) म् + अ + ध् + उ + र् + अ   (iv) आ + क्   आ + श् + अ
   (v) ब् + आ + द् + अ + ल् + अ
4. (क) (ii)   (ख) (iv)   (ग) (i)   (घ) (v)   (ङ) (iii)
5. (क) (v)   (ख) (iv)   (ग) (ii)   (घ) (i)   (ङ) (iii)
6. (i) **मौखिक भाषा**   **लिखित भाषा**

भाषण देना	कहानी लिखना
बातचीत करना	समाचार-पत्र लिखना
गाना गाना	चित्र बनाना
डाँटना	कविता लिखना

   (ii)   **मात्रा वाले शब्द**   **बिना मात्रा वाले शब्द**

चमाचम	कटहल
कमाल	दमकल
वीर	नल
गुरु	अचकन

   (iii)   **सार्थक शब्द**   **निरर्थक शब्द**

भाषा	प्रटक
ध्वनि	हानीक
कुम्हार	कारीरस
रेलगाड़ी	हमूस

7. (i) पलंग, ग्रंथ, आँगन, सुंदरता, माँग, गंगा, ऊँचा, सुगंध

   (ii) अंगूर, ध्वनि, दवा, बाघ, साइकिल, स्थान, हमारा, वास्ता

   (iii) अजगर, दवात, बोतल, साहब, दशरथ, मकान, रानी, बादल

8. (i) आसरा   (ii) ऊँचा   (iii) आम   (iv) उल्लू   (v) घर

9. (i) कृषक   (ii) जन्म   (iii) गो   (iv) नयन   (v) धर्म

अध्याय 2   संज्ञा

1. (i) (क) व्यक्तिवाचक (ii) (क) पवित्रता (iii) (ग) रामचरितमानस (iv) (घ) सड़क (v) (ख) व्यक्तिवाचक संज्ञा
   (vi) (क) भाववाचक संज्ञा (vii) (घ) जातिवाचक संज्ञा

2. (क) शत्रुता (ख) मित्रता (ग) देवत्व (घ) दासता (ङ) पशुता

3. (i) कक्षा, मोहन, अच्छाई, ठेला   (ii) माउंट एवरेस्ट, मद्रास, भगत सिंह
   (iii) गाय, शिक्षक, गाँव, आम   (iv) आज्ञा, पागलपन, सुगंध, लड़ाई

4. (i) व्यक्तिवाचक (ii) जातिवाचक (iii) भाववाचक (iv) व्यक्तिवाचक (v) जातिवाचक
   (vi) भाववाचक (vii) व्यक्तिवाचक (viii) भाववाचक (ix) व्यक्तिवाचक (x) व्यक्तिवाचक

5. (i) आकाश, हॉकी, भारत, खेल, लता मंगेशकर, गायिका, ताजमहल, शाहजहाँ, डॉ. राधाकृष्णन
       एकलव्य, द्रोणाचार्य, शिष्य, विद्यालय, कक्षाएँ, आदतों
   (ii) दशहरे, बराक हुसैन ओबामा, अमेरिका, राणा प्रताप, चेतक, लालकिला, दिल्ली, सचिन तेंदुलकर, सचिन देव बर्मन

6.

व्यक्तिवाचक संज्ञा	जातिवाचक संज्ञा	भाववाचक संज्ञा
रमा, छात्रा, मोहन नगर, मधु, निवेदिता, गंगा	कक्षा, विद्यालय, बस, शिक्षिका, घर, वर्ग	मेहनत, लगन, प्रेम, सच्चाई, ईमानदारी, विश्वास, दोस्ती

7. (i) मिठास (ii) बुराई (iii) दुःख

अध्याय 3   लिंग और वचन

लिंग

1. (i) (क) केला (ii) (ग) मथुरा (iii) (क) कमीज़ (iv) (घ) पंडिताइन (v) (ख) नर्तक (vi) (ग) अभिनेत्री (vii) (क) कवयित्री

2. (i) कुर्सी (ii) पाठ (iii) माला (iv) शर्ट (v) कक्षा (vi) खाई (vii) पौधा (viii) सामान

3. (i) बाघिन, छात्रा, कबूतरी, मालिन, चिड़िया, शिक्षिका, ऊँटनी, सेविका
   (ii) घोड़ा, लेखक, हाथी, पाठक, हंस, ग्वाल, सिंह, सेठ

वचन

1. (i) लड़के, वृक्षों, घोड़े, फलों, शेरों, गेंदें, चीते, कॉपियाँ
   (ii) कमरा, ठठेरा, कक्षा, प्रतिमा, युवती, किरण, आँख, सड़क

2. (i) बाघ (ii) बादल (iii) भाषाएँ (iv) तितलियाँ (v) शीशे (vi) नदियाँ (vii) चिट्ठियाँ (viii) घड़ियाँ

अध्याय 4   सर्वनाम

1. (i) उसे (ii) वह (iii) उसकी (iv) उन्हें (v) वह (vi) वहाँ (vii) वह (viii) उसे (ix) उसको (x) उसे

3. (i) अन्य पुरुषवाचक सर्वनाम (ii) मध्यम पुरुषवाचक सर्वनाम (iii) उत्तम पुरुषवाचक सर्वनाम
   (iv) अन्य पुरुषवाचक सर्वनाम (v) उत्तम पुरुषवाचक सर्वनाम

4. (i) वह (ii) क्या (iii) जिसे, वही (iv) किसी (v) ये

अध्याय 5 विशेषण

1. (i) हिंसक (ii) चार (iii) कई (iv) कर्कश (v) अच्छा (vi) यह (vii) थोड़ा (viii) कड़वे (ix) गाढ़ी (x) सातवाँ

3. (i) अनगिनत (ii) तीन (iii) गोल (iv) भोले (v) ऊँचा (vi) छठी

4. (i) गुणवाचक (ii) गुणवाचक (iii) संख्यावाचक (iv) गुणवाचक (v) परिमाणवाचक

   (vi) सार्वनामिक (vii) संख्यावाचक (viii) सार्वनामिक (ix) संख्यावाचक (x) गुणवाचक

5. गुणवाचक विशेषण – सुंदर, आलीशान, आकर्षक, छ: फुट, पाँच फुट, बड़े-बड़े

   संख्यावाचक विशेषण – दस किले, कई, दोनों, एक, छ:, पाँच, दो, पहला

   परिमाणवाचक विशेषण – आधा मीटर, चार मीटर, एक सेर, चार लीटर

   सार्वनामिक विशेषण – इस, उन, उन्होंने

6. (i) कोयल   (ii) राम (iii) रेलगाड़ी   (iv) कुत्ता   (v) गांधीजी (vi) रोहन   (vii) शेर   (viii) बिल्ली (ix) आसमान   (x) कबूतर

अध्याय 6 क्रिया और क्रिया-विशेषण

(क) क्रिया

1. (i) (ग) खाती है (ii) (ख) दिखाता है (iii) (ग) बनाए (iv) (क) टूट गया (v) (ग) रहते हैं (vi) (ख) कुतर रहा है
 (vii) (ख) भौंकने लगा (viii) (क) होते हैं (ix) (ख) होगी   (x) (ग) मिले हुए हैं

2. (i) (च) बैठ गई (ii) (ङ) बहता रहा (iii) (घ) सुनाती रहीं (iv) (ख) नाच रहा है (v) (क) चिंघाड़ा (vi) (ग) मनाया

3. (i) चलता है (ii) रहती है (iii) होगी (iv) चमक रहे हैं (v) पहना है (vi) करते हैं

4. (i) अकर्मक (ii) सकर्मक (iii) सकर्मक (iv) सकर्मक (v) सकर्मक (vi) सकर्मक (vii) अकर्मक (viii) अकर्मक

5. (i) सकर्मक (ii) अकर्मक (iii) सकर्मक (iv) सकर्मक (v) सकर्मक (vi) सकर्मक (vii) अकर्मक (viii) अकर्मक

(ख) क्रिया-विशेषण

6. (i) जरा (ii) दूर (iii) रातभर (iv) कम (v) अभी-अभी (vi) दनादन (vii) बिलकुल (viii) तड़ातड़ (ix) पर्याप्त   (x) चुपचाप

7. (i) अचानक (ii) आगे (iii) अधिक (iv) हाथों-हाथ (v) दिन-रात (vi) ज़रूर   (vii) कहीं-कहीं (viii) धीरे (ix) सदा   (x) नित्य

अध्याय 7 वाक्य

1. (i) (छ) प्रजा की रखवाली करता है। (ii) (क) आकाश में उड़ती है। (iii) (ज) सुगंधित फूल है। (iv) (ङ) ऋषियों का देश
है। (v) (ग) पवित्र नदी है। (vi) (ख) छुट्टी का दिन होता है।   (vii) (घ) विश्व के महान् बल्लेबाज हैं। (viii) (च) चोर को
पकड़ा

2. (i) सिंह (ii) वह (iii) टहलना (iv) बच्चे (v) कृष्ण (vi) डा. राजेंद्र प्रसाद (vii) वाल्मीकि (viii) हमें (ix) वीर योद्धा (x) बच्चों ने

3. (i) हमारा पवित्र ग्रंथ है। (ii) पाँचवीं कक्षा में पढ़ती है। (iii) तेज दौड़ता है। (iv) भाषण दिया। (v) अन्न उपजाता है।
   (vi) असहाय होती है। (vii) चतुर पक्षी है। (viii) बालक को दूध पिलाया। (ix) भारतीय खेल है। (x) भारत की राजधानी है।

4. (i) (✔) (ii) (✘) (iii) (✔) (iv) (✔) (v) (✔) (vi) (✔) (vii) (✔)

अध्याय 8 वर्तनी और वाक्य शुद्धता

(क) शुद्ध वर्तनी

1. (i) स्कूल (ii) छात्र (iii) बाज़ार (iv) कठिनाई (v) गृहस्थ (vi) हिंदुस्तान (vii) किसान (viii) ईश्वर (ix) पर्वत
   (x) दृश्य (xi) आँगन (xii) दर्शन (xiii) चालाक (xiv) कुम्हार (xv) धर्म

2. (i) पश्चिम   (viii) बदशाह

   (ii) वृत   (ix) रिण

   (iii) गेहूं   (x) भिखाड़ी

(iv) चट्टान
(v) अधिक
(vi) अँगूर
(vii) समरथन

(xi) चोपाया
(xii) विधालय
(xiii) हंसमुख
(xiv) आगरह
(xv) कर्षक

3. (i) कूबड़ (ii) गर्मियों (iii) आश्चर्यों (iv) राष्ट्र (v) स्वास्थ्य

4. (i) प्रसाद (ii) बीमार (iii) पृथ्वी (iv) आयु (v) परिवर्तन (vi) परिश्रम (vii) कृपया (viii) निश्चित (ix) इच्छा (x) पत्नी

(ख) वाक्य शुद्धता

6. (i) मुझे पाँच रुपये चाहिए। (ii) लड़के मैदान में दौड़ रहे हैं।   (iii) घड़ी में सात बजे हैं।
(iv) आप ऐसा मत कहिए। (v) मुझे विद्यालय जाना है।   (vi) इतना झूठ न बोलो।
(vii) पार्टी धूमधाम से मनाई गई।   (viii) आज यहाँ कोई नहीं आया।

अध्याय 9 विराम-चिह्न

1. (i) (ग) । (ii) (ख) , (iii) (घ) ? (iv) (क) !

खंड घ

वर्कशीट 1 अनुच्छेद

(i) (I) (ख) ठंडक (II) (क) पेड़ों पर (III) (घ) घरों और बगीचों की   (iii) (क) खग (ख) पुष्प
(iv) (क) अशुद्ध (ख) बुराई
(v) (क) लकड़ी (ख) पौधा

काव्यांश

2. (i) (I) (ख) सुरबाला के गहनों में गूँथे जाने की (II) (क) देवों के   (iii) (क) इच्छा (ख) देवता
(iv) (क) प्रेमिका (ख) रानी   (v) (क) गूँथा (ख) बिंध

वर्कशीट 2 अनुच्छेद

1. (i) (I) (ग) तीन (II) (क) सफ़ेद (iii) चुप करना (वाक्य की रचना छात्र स्वयं करेंगे।)
(iv) हाज़िर जवाब   (v) (क) ताला (ख) बात

काव्यांश

2. (i) (I) (ख) मदारी (II) (क) बाला   (iii) (क) कान (ख) हाथों   (iv) (क) नेत्र (ख) कपि
(v) (क) गया (ख) बड़ी

वर्कशीट 3 अनुच्छेद

1. (i) (I) (ख) दूर-दूर के दृश्यों को हमारे सामने प्रस्तुत करता है। (II) (ग) मनोरंजन का   (iii) (क) तरीका (ख) देखना
(iv) (क) पास (ख) एक
(v) (क) तरीके (ख) वस्तुएँ

काव्यांश

2. (i) (I) (ग) कदंब के (II) (ख) कन्हैया (iii) (क) कृष्ण (ख) किनारा   (iv) (क) ऊपर (ख) तेज़
(v) (क) डाली-वाली (ख) आता-जाता

www.ingramcontent.com/pod-product-compliance
Lightning Source LLC
LaVergne TN
LVHW080514200726
843507LV00008B/1094